UTE KRANZ

BRAVE GIRL

ALLES, WAS DU WISSEN MUSST, WENN DU ALS FRAU ALLEIN REIST

riva

Bibliografische Information der Deutschen Nationalbibliothek
Die Deutsche Nationalbibliothek verzeichnet diese Publikation in der Deutschen
Nationalbibliografie. Detaillierte bibliografische Daten sind im Internet über
http://dnb.d-nb.de abrufbar.

Für Fragen und Anregungen
info@rivaverlag.de

Originalausgabe
1. Auflage 2018
© 2018 by riva Verlag, ein Imprint der Münchner Verlagsgruppe GmbH
Nymphenburger Straße 86
D-80636 München
Tel.: 089 651285-0
Fax: 089 652096

Bildnachweis Länderkarten: © shutterstock.com: S. 135, 145, 151, 201, 203, 205, 207, 209,
216, 218: boreala; S. 144, 158: Hamidah Samutharangkoon; S. 146: abeadev/Shutterstock.
com; S. 147: The Hornbills Studio/Shutterstock.com; S. 148, 179: Robert Biedermann; S.
150, 153, 156, 161, 166, 168, 199: Peter Hermes Furian; S. 152, 217: N.Vector Design; S. 154:
Dikobraziy; S. 155, 159, 174: Pavalena; S. 160: Netsign33; S. 162: Ad_hominem; S. 164, 167,
169, 170, 175, 176, 182: twenty1studio; S. 165, 181: Raevsky Lab; S. 171: PSboom; S. 173:
Armita; S. 180: Filip Bjiorkman; S. 214, 215: Grebeshkovmaxim. Bearbeitung der Karten:
Melanie Kretzschmar, Manuela Amode

Redaktion: Ulrike Reinen
Umschlaggestaltung: Manuela Amode
Umschlagabbildung: Bild oben: © Ute Kranz, Bild unten: © Fabian Stürtz,
Illustrationen: © shutterstock/ Sundari, James.Pintar, jakkapan, Xeyal Yaqubov
Satz: Georg Stadler, München
Druck: Florjancic Tisk d.o.o., Slowenien
Printed in the EU

ISBN Print 978-3-7423-0613-5
ISBN E-Book (PDF) 978-3-7453-0158-8
ISBN E-Book (EPUB, Mobi) 978-3-7453-0159-5

Weitere Informationen zum Verlag finden Sie unter

www.rivaverlag.de

Beachten Sie auch unsere weiteren Verlage unter www.m-vg.de

INHALT

VORWORT

Ich war 27, als ich zum ersten Mal den Entschluss fasste, allein zu verreisen. Eigentlich stand bereits seit meiner Kindheit fest, mit 28 heiraten zu wollen, mit meinem Ehemann in ein schickes Haus zu ziehen und danach drei wundervolle Kinder zu haben. Nun befand ich mich also planmäßig auf der Zielgeraden, als ich feststellen musste, dass ich nicht die einzige Frau im Leben meines Freundes war. Während solche Situationen in Filmen oft scheinbar lässig von der Betrogenen hingenommen werden, sah die Realität in meinem Fall ganz anders aus. Für mich war eine Welt zusammengebrochen. Ich musste weg, raus aus dem Alltag und auf andere Gedanken kommen. Doch wo sollte ich jetzt allein hin?

Nach einigen Recherchen entschied ich mich für einen viertägigen Urlaub in einem *Robinson Club* in der Türkei. Als frischgebackener Single würde ich dort auf Gleichgesinnte treffen, wäre rundum versorgt und könnte bei Sommer, Sonne, Strand überlegen, wie mein Leben jetzt weitergehen sollte. Vor Ort wurde ich jedoch eines Besseren belehrt. Es war Schulferienzeit und ich folglich ausschließlich von glücklichen Familien und spielfreudigen, tobenden Kindern umgeben. Obwohl es wahrscheinlich nicht schlimmer hätte kommen können, hatte die Reise einen Funken in mir entfacht. Mir gefielen diese kleinen Herausforderungen unterwegs und auch die unterschiedlichen Kontakte zu fremden Menschen empfand ich als sehr inspirierend. Aber es gab noch etwas anderes, das mich faszinierte: Ich konnte endlich mal ganz Ich sein – ohne Kompromisse, Einwände und Einschränkungen.

Nur wenige Wochen später plante ich schon die nächste Reise. Wieder solo, und diesmal sollte es weiter entfernt und abenteuerlicher sein. Die Wahl fiel auf drei Wochen Costa Rica, die ich bis ins kleinste Detail durchplante. Ich belegte einen Spanisch-Anfängerkurs und ließ mich in Outdoorshops derart ausgiebig beraten, als würde ich eine mehrmonatige Expedition in die Wildnis planen. Während der aufregenden Reise durch das grüne Paradies in Mittelamerika wurde mir klar: Ich werde eine Abenteurerin!

Je mehr Länder ich im Laufe der Jahre allein reisend kennenlernte, umso mehr wuchs meine Leidenschaft für neue Herausforderungen und Erlebnisse in der weiten Welt. Mittlerweile habe ich fast 90 Länder auf sechs Kontinenten bereist – viele davon gleich mehrmals und weit über zwanzig auf vier Rädern mit dem Auto. Ich liebe einfach jede Nuance des Unterwegsseins. Mit diesem Buch möchte ich dir einen Ratgeber an die Hand geben, der dir nicht nur diese große Faszination des Alleinreisens näherbringen soll, sondern dich gleich auch mit allen notwendigen Tipps versorgt, damit du eine sichere und unvergessliche Reise ans Ziel deiner Wahl antreten kannst.

ERSTE SCHRITTE

WARUM ALLEIN AUFBRECHEN?

Reisen gehört zu den wesentlichen Bestandteilen des Lebens, die uns enorm bereichern. Wir betreten unbekannten Boden, lernen fremde Kulturen und Menschen kennen und bieten unseren Sinnen ganz neue Eindrücke. Chaotische Großstädte, außergewöhnliche Landschaften, das Anpassen an landestypische Gewohnheiten – all das macht etwas mit uns. Mit jeder neuen Erfahrung verändern sich Bewusstsein und Horizont und damit meist auch die Leidenschaft. Die unvergesslichen Eindrücke in der Ferne kann uns keiner mehr nehmen, weshalb sie im Vergleich zu den materiellen Dingen im Leben unbezahlbar sind.

Die Gründe für eine Alleinreise könnten vielfältiger nicht sein: Vielleicht ist man momentan Single und es findet sich keine passende Begleitung für den gewünschten Reisezeitraum. Oder aber der Partner ist beruflich dermaßen eingespannt, dass für ihn eine Reise in nächster Zeit undenkbar ist. Unabhängig vom Beziehungsstatus haben sich allerdings auch die inhaltlichen Beweggründe des Solo-Unterwegsseins enorm weiterentwickelt. Viele Frauen gehen auf Selbstfindungskurs, zum Beispiel in Form von Yoga- oder Meditations-Retreats und Klosteraufenthalten. Andere möchten sich auf Wander-, Rad- oder Pilgerreisen bewusst ihren Ängsten stellen und festgefahrene Strukturen verändern. Und nicht zuletzt gibt es viele, die sich nach jahrelangem Sträuben des Partners endlich dazu durchringen, ihren Sehnsuchtsort dann doch auf eigene Faust zu besuchen. Im Grunde gilt: Wen es in die Ferne zieht, der kann sich heute im wahrsten Sinne des Wortes auf den Weg machen. Daher habe ich einen großen Teil des Buches den sehr unterschiedlichen Möglichkeiten gewidmet, die sich einer Alleinreisenden bieten.

Der größte Unterschied zu einer Reise mit Begleitung liegt in erster Linie darin, dass man Gelegenheit hat, sich voll und ganz auf die Umgebung zu konzentrieren. Während man sich in der Zweisamkeit oder in einer Gruppe meist auf die Gemeinschaft fixiert, werden Eindrücke und Erlebnisse allein unterwegs viel intensiver wahrgenommen. Zudem bietet eine Alleinreise die Möglichkeit, sich durch die neuen Erfahrungen in der Ferne ständig persönlich weiterzuentwickeln.

- **Selbstbewusstsein**: Außerhalb deiner gewohnten Umgebung wirst du dich in einem neuen Land zurechtfinden müssen, mit fremden Menschen in einer anderen Sprache kommunizieren, manchmal die ein oder andere schwierige Situation meistern, Preise verhandeln, Entscheidungen treffen und vielleicht auch mal an deine Grenzen stoßen. Jede einzelne überwundene Situation macht dich stärker und nicht selten wirst du dich unterwegs sagen hören: »Wow, ich hätte nie gedacht, was ich alles schaffen kann!«
- **Authentizität**: Besonders durch die sozialen Medien werden wir heute stark dazu verleitet, unser Verhalten dem Umfeld anzupassen, um

möglichst vielen Menschen zu gefallen. Auf Reisen – losgelöst von Familie, Freunden und Bekannten – wirst du im Kontakt mit fremden Menschen feststellen, dass man dich genauso nimmt, wie du gerade bist. Ohne Markenkleidung, Statussymbole oder sonstige Must-haves. Und das ist nicht nur eine wertvolle Erfahrung, sondern hilft dir auch im Alltag dabei, authentischer aufzutreten.

- **Intuition:** Dein Bauchgefühl und dein Verstand werden immer wichtige Begleiter in deinem Leben sein und entwickeln sich ständig weiter. Wenn du allein in einem fremden Land unterwegs bist, sind all deine Sinne geschärft. Die vielfältigen Erfahrungen auf Reisen unterstützen die Entwicklung deiner Intuition und helfen dir dabei, dich bestmöglich zurechtzufinden, auf Menschen zuzugehen und Entscheidungen zu treffen.

- **Leidenschaft:** Frei sein, Abenteuer erleben, Verrücktes wagen, Pläne über den Haufen werfen und unkonventionelle Wege gehen – all das ist für dich in freier Wildbahn möglich und gleichzeitig unglaublich wertvoll! Wir werden schon früh in bestimmte Bahnen gelenkt, die uns häufig von Kreativität und freiem Denken entfernen. Allein unterwegs kannst du dich voll und ganz ausleben, auf neue Gedanken kommen und genau das tun, wofür du auf die Welt gekommen bist: Leben!

Nach meinen ersten Alleinreisen habe ich festgestellt, dass jede einzelne Reise etwas verändert. Sie haben allesamt zu meiner persönlichen Entwicklung beigetragen und mir gleichzeitig beigebracht, mehr auf meine Sehnsüchte zu hören als auf das, was der Verstand oder die Allgemeinheit von mir verlangen oder sogar erwarten. Rückblickend bin ich bei manchen Reisen auf Menschen gestoßen, die förmlich als Wegweiser meinen weiteren Lebensweg inspiriert haben. Wäre ich nicht allein unterwegs gewesen, hätte ich sie wahrscheinlich gar nicht kennengelernt. Dafür bin ich heute sehr dankbar und möchte dir diesen Spirit gern auch weitervermitteln: Gib deinem Leben die Chance, dem Schicksal seinen Lauf zu lassen.

ZWEIFEL UND BEDENKEN

Wie mutig muss ich sein?

Die größte Portion Mut, die du aufbringen musst, wirst du wahrscheinlich für das Verlassen deiner Komfortzone benötigen. Sich allein in einem fremden Land mit vielleicht anderer Kultur zurechtzufinden und die Kommunikation mit unbekannten Menschen in einer anderen Sprache zu führen, ist definitiv eine Herausforderung. Die Angst vor dem Ungewissen sollte dich aber nicht beunruhigen. Ich selbst halte mich für einen sehr vorsichtigen Menschen und habe trotz der vielen Reisen selbst nach langjährigen Erfahrungen immer noch verschiedene Ängste unterwegs. Hier hilft mir am besten eine gute Vorbereitung, damit ich mich überall maximal sicher fühlen kann. Meistens sind die Bedenken völlig unbegründet, aber Vorsicht ist bekanntlich besser als Nachsicht und kann meiner Meinung nach nie schaden.

Mein Tipp: Denke am besten gar nicht darüber nach, wie ängstlich oder mutig du bist oder wie mutig du sein müsstest. Frage dein Herz, was du dir zutrauen würdest und verlasse dich auf dein Gefühl, welche Reise du dir vorstellen könntest und worauf du Lust hättest. Immerhin hast du bereits dieses Buch in Händen und den ersten Schritt getan. In dem Kapitel *Reiserouten und -ziele* findest du eine Zusammenstellung verschiedener Reiseziele und -arten. Spricht dich etwas besonders an? Oder kommst du auf einen neuen Gedanken? Was wolltest du schon immer mal unternehmen? Dann ist vielleicht genau jetzt der richtige Zeitpunkt dafür.

Sollte sich dennoch etwas in dir gegen die Alleinreise sträuben – es gibt keinen Grund sich zu zwingen! In diesem Fall bieten sich verschiedene Alternativen an wie Gruppenreisen oder die Option, eine passende Reisepartnerin zu finden. Aber lass erst einmal die Möglichkeiten der Alleinreise auf dich wirken, du kannst dich später immer noch anders entscheiden.

Die Reaktion von Freunden und Familie

»Ist das nicht zu gefährlich?« Diese Frage wird der Solo-Reisenden wahrscheinlich am häufigsten gestellt. Während erfahrenere Alleinreisende hier nur noch mit einem genervten Augenrollen reagieren, kommen bei vielen Neulingen nach diesem Einwand trotz der großen Reiselust Zweifel auf. Bedenke: Hundertprozentige Sicherheit gibt es nicht! Weder zu Hause noch sonst wo auf der Welt. Leider kann überall und jederzeit etwas passieren, weshalb wir grundsätzlich immer gut auf uns achtgeben und entsprechend vorsorgen und planen sollten. In den folgenden Kapiteln bekommst du viele Tipps, wie du deine Reise maximal sicher gestalten kannst. Täglich brechen inzwischen Tausende Frauen allein in die weite Welt auf und bereits diese Tatsache belegt mehr als deutlich, dass es weder unmöglich noch extrem gefährlich ist. Die Risiken einer Alleinreise sind also genau genommen ziemlich gering, sofern der Schutzengel nicht überstrapaziert wird.

Wie kommt man nun aber gegen die Zweifel und Bedenken der Familie oder Freunde an? Zunächst einmal sollte man ihre Sorge um Sicherheit und Wohlergehen wertschätzen, andererseits ist es wichtig, für sich selbst einzustehen und klar Stellung zu beziehen. Wenn man sich nicht aus seiner Komfortzone hinausbewegt, bewegt sich auch im Leben nicht viel. Daher ist es sinn- und wertvoll, dass wir Neues ausprobieren, ungewohnte Wege gehen und uns auch mal etwas trauen, das vielleicht nicht so ganz nullachtfünfzehn ist – eine Alleinreise zum Beispiel. Sinnvolle Antworten könnten zum Beispiel sein:

- »Finde ich toll, dass du dich sorgst. Ich bin allerdings bestens vorbereitet. Das Reiseland gilt als sehr sicher und ich habe ja für den Notfall immer das Handy dabei.«
- »Ich kann verstehen, dass dich das irritiert. Alleinreisen ist allerdings heute etwas ganz Normales und ich bin ja nicht am Ende der Welt, sondern an Orten, wo sich auch andere Menschen aufhalten. Von daher gibt es keinen Grund zur Beunruhigung.«
- »Ich muss einfach raus aus dem Trott und auf andere Gedanken kommen. Dazu gehört, dass ich mal über den gewohnten Tellerrand hinausschaue und etwas Neues wage.«

Je überzeugter du von deinem Vorhaben bist, umso eher verstummen weitere Diskussionen zu dem Thema. Wenn du dich ausreichend vorbereitest, ein sicheres Reiseziel wählst, dich landestypisch und nicht zu aufreizend kleidest sowie gute Unterkünfte nutzt, bist du gut geschützt. Diese Einschätzung beruht nicht nur auf meiner langjährigen Erfahrung, sondern auch auf Gesprächen mit Hunderten anderer alleinreisender Frauen.

Was denken andere über mich, wenn ich allein unterwegs bin?

Diese Frage gehört ebenfalls zu den unbequemeren Fragen bei der Reiseplanung. Werde ich angestarrt oder bemitleidet? Muss ich dauernd nervige Fragen beantworten und mich rechtfertigen, warum ich ohne Begleitung reise? All das hängt von unterschiedlichen Faktoren ab. Bist du zum Beispiel in einem Reiseland oder Ort, in dem es viel Tourismus und somit auch eine große Anzahl Alleinreisender gibt, wirst du wahrscheinlich kaum angesprochen werden oder überhaupt in irgendeiner Art und Weise auffallen. Je exotischer man im Reiseland wirkt und je auffälliger man sich kleidet, umso eher wird man unter Umständen angeschaut oder angesprochen. Das Erscheinungsbild und Auftreten ist meiner Erfahrung nach von zentraler Bedeutung. Je überzeugter, selbstverständlicher und natürlicher man allein unterwegs ist, umso geringer auch die Wahrscheinlichkeit, bemitleidet zu werden. Wenn mich zum Beispiel heute jemand fragt, warum ich denn eigentlich so ganz auf eigene Faust verreise, gebe ich meist eine fröhliche Antwort wie: »Sollten Sie auch mal ausprobieren, macht richtig Spaß!« Rechtfertigen braucht man sich jedenfalls nie!

Was unerwünschte Kontaktaufnahme von Männern während der Reise angeht, wie unangenehme Anmache, wird das von Frauen je nach Alter, Auftreten und Reiseland sehr unterschiedlich wahrgenommen. Auf Kuba etwa wird man im Vorbeigehen mit Komplimenten überhäuft, jedoch danach meist in Ruhe gelassen. In einem Strandhotel in Ägypten könnte es passieren, dass sich Frauen vor einschlägigen und nervigen Angeboten nicht retten können, und in Tansania oder Kenia kommt es nicht selten vor, bereits nach ein paar Stunden lockerer Unterhaltung ein »Ich liebe dich!« zugeworfen zu bekommen. Auch hier ist ein selbstbewusstes Auftreten das beste Mittel der Wahl. An mancher Stelle müssen wir unsere Höflichkeit ablegen, in einer anderen Situation Ignoranz zeigen, und andernorts vielleicht feststellen, dass man mit einem klaren und strikten »Nein!« die beste Wirkung erzielt. Weitere Tipps zur Sicherheit auf Reisen und speziell im Umgang mit Männern findest du im Kapitel *Männer – Do's und Dont's*.

Allein verreisen bei Liebeskummer?

Sofern du gerade frischgebackene Single-Frau geworden sein solltest und nicht sicher bist, ob in dieser Situation eine Alleinreise das Richtige für dich wäre, möchte ich dich dazu ermutigen! Zumindest dann, wenn du das Gefühl hast, dringend aus dem Alltag raus und auf andere Gedanken kommen zu müssen, kann eine Reise auf eigene Faust sehr wohltuend sein. »Eine Reise ist ein vortreffliches Heilmittel für verworrene Zustände«, sagte bereits der österreichische Schriftsteller Franz Grillparzer im 18. Jahrhundert, und dem kann ich mich nur anschließen. Durch eine Alleinreise kannst du auf sanfte Art und Weise ein neues Kapitel aufschlagen. Das heißt nicht, dass du das Vergangene unter den Teppich kehren und verdrängen solltest. In erster Linie geht es darum, wieder neuen Mut zu schöpfen und das Selbstwertgefühl aufzubauen, das durch eine Trennung manchmal einen kleineren oder größeren Knacks erlitten hat. Ablenkung und eine völlig neue Umgebung können in dieser Phase wahre Wunder wirken. Auch das Solo-Dasein kann facettenreich, aufregend und ganz wunderbar sein. Zu beachten ist möglicherweise nur, dass du dich für ein Reiseziel mit möglichst viel Angebot an Gesellschaft entscheidest. Dadurch hast du immer die Wahl, ob dir gerade nach Gemeinschaft zumute ist – oder eben nicht. Das könnte zum Beispiel ein beliebtes Reiseziel sein: mit vielen Gleichgesinnten im Hostel oder ein privates Zimmer bei netten Gastgebern. Alternativ bietet ein schönes Retreat oder ein Camp eine gute Mischung aus Sport, Erholung und Rückzugsmöglichkeit (siehe Kapitel *Camps, Schulen und Retreats*). Höre einfach mal in dich hinein, was dein Herz benötigt. Wenn du dich in der Ferne jenseits des Alltags befindest, hast du die großartige Möglichkeit, die Situation sozusagen einmal von außen zu betrachten und das ist manchmal Gold wert. Vielleicht stellt sich heraus, dass alles genau so richtig war, wie es sich entwickelt hat – auch wenn es dich traurig macht und das Loslassen schwerfällt. Wege entstehen dadurch, dass man sie geht.

Alle Zweifel beseitigt und reisebereit? Jetzt bist du dran!

PLANUNG UND VORBEREITUNG

WO FANGE ICH AN?

Wenn du bisher immer in Gemeinschaft gereist sein solltest, hast du möglicherweise eine andere Urlaubsplanung in Erinnerung als die, die jetzt vor dir liegt: Ziel, Dauer und Budget wurden vorher ausgiebig miteinander besprochen und abgewogen, danach Flug und Hotel gebucht, dazu vielleicht noch ein Mietwagen reserviert – fertig.

Bei der Alleinreise kommt während der Planung allerdings noch ein großes Paket zusätzlicher Fragen hinzu: Welches Land ist geeignet? Was kann ich allein vor Ort unternehmen? Wie lerne ich am besten Gleichgesinnte kennen? Was bewahrt mich vor Einsamkeit? Wie komme ich sicher vom Flughafen ins Hotel? Kann ich mir ein Einzelzimmer leisten? All diese Fragen sind normal und sinnvoll, weil wir schließlich nicht jeden Tag für längere Zeit allein in einer fremden Umgebung sind.

Welche sind also die ersten Pfeiler deiner Planung? Am einfachsten ist es, wenn du nach dem Ausscheidungsverfahren vorgehst, sofern du nicht bereits ein konkretes Reiseziel vor Augen hast:

1. **Reisedauer und Reisezeit:** Wie viel Zeit steht dir zur Verfügung und in welchem Monat möchtest du verreisen? Hast du nur ein paar Tage Zeit, eignet sich eher ein Städtetrip in Europa. Je mehr Tage, Wochen oder sogar Monate dir zur Verfügung stehen, umso größer kannst du den Radius ziehen. Die Reisezeit entscheidet über mögliche Ziele – zum Beispiel in der Sonne oder im Schnee. Inspirationen zum Reiseziel nach Jahreszeit findest du bei den nützlichen Tipps im Anhang.

2. **Budget:** Wie viel Geld kannst du für diese Reise ausgeben? Es entscheidet über das Ziel, den möglichen Komfort und verschiedene andere Inhalte der Reise.

3. **Reiseart:** Hast du bereits eine Vorstellung, was für eine Reise du antreten möchtest? Städtetrip, Fernreise, Mietwagen-Roadtrip, Camping mit Zelt oder Auto, Rundreise oder Retreat? Die Auswahl sollte natürlich mit dem zur Verfügung stehenden Budget und der Reisedauer übereinstimmen. Passende Ideen findest du in dem Kapitel *Reiserouten und -ziele.*

4. **Komfort und Sicherheit:** Wie möchtest du unterwegs sein? Bist du eher der Low-Budget-Backpacker oder darf es etwas luxuriöser und bequemer sein? Lokaler Bus oder lieber Taxi? Selbstverpflegung oder Restaurant? Hostel oder Hotelzimmer mit Meerblick? Kostenlose Walkingtour oder privater Guide? Je höher deine täglichen Ausgaben für Unterkünfte, Essen, Touren und sonstige Extras werden, umso eher reduziert sich unter Umständen die Reisedauer und/oder -distanz. Sichere Unterkünfte und Verkehrsmittel müssen nicht zwingend teurer sein, aber wenn du darauf Wert legst, solltest du diesbezüglich besser ein paar finanzielle Puffer einplanen.

Wenn du dir deine Wünsche und Vorstellungen aufschreibst, kannst du aus der Schnittmenge die für dich passende Reise zusammenstellen. Zur Veranschaulichung findest du hier drei Beispiele für die Herangehensweise zu den oben genannten Fragen.

Der Kurztrip

1. **Reisedauer und Reisezeit**: Mir stehen **fünf bis sieben Tage** zur Verfügung. In welchem **Monat** ich verreisen möchte, weiß ich noch nicht.
2. **Budget**: Ich könnte insgesamt **400 Euro** ausgeben.
3. **Reiseart**: Ich habe eine **Städtereise** mit Sightseeing und Shopping vor. Unterwegs sein werde ich **mit dem Zug**.
4. **Komfort und Sicherheit**: Meinen Vorstellungen entspricht ein **eigenes Hotelzimmer** in möglichst zentraler Lage in einer **sicheren Metropole innerhalb Europas**.

Anhand dieser Faktoren lässt sich die Auswahl bereits sehr gut einschränken: Fast alle Länder Europas gelten als sicher, weshalb hier im Prinzip nur auf die Reisezeit geschaut werden muss. Im Sommer sind viele Länder im Norden interessant, da die Temperaturen dann sehr angenehm sind und dort weniger Tourismus herrscht als im Süden. Im Winter wäre eher den südlichen Ländern der Vorzug zu geben, sofern Sonne und milde Temperaturen gewünscht sind. Wenn eher Winter- und Schnee-Stimmung angesagt ist, sind die Alpen und der Norden sinnvoll. In Bezug auf die Preise kann in der für deine Reisezeit passenden Region geschaut werden, welche Stadt hier am ehesten infrage kommt. Nun muss nur noch nach dem besten Verkehrsmittel Ausschau gehalten und eine Unterkunft entsprechend des vorhandenen Budgets gesucht werden – und schon ist die Reiseplanung fertig.

Die etwas längere Reise

1. **Reisedauer und Reisezeit:** Mir stehen **zwei Wochen** zur Verfügung. Den **Zeitpunkt würde ich nach der Entscheidung für das Reiseziel** festlegen.
2. **Budget:** Ich könnte insgesamt **1400 Euro** ausgeben.
3. **Reiseart:** Es soll eine **individuelle Fernreise** sein, darin enthalten ein paar Tagestouren, und ich würde gern **tauchen lernen**.
4. **Komfort und Sicherheit:** Ich möchte nicht unter Low–Budget-Bedingungen reisen, brauche aber auch nicht viel Luxus. In Hostels fühle ich mich wohl, möchte aber ein **eigenes Zimmer** haben. Da es meine erste Alleinreise ist, bevorzuge ich ein **sicheres Reiseland**.

Der gemeinsame Nenner dieser Reisevorstellungen: Die Faktoren Fernreise, sicheres Reiseland und Tauchen sprechen zum Beispiel für Thailand, Mexiko (Yucatán) oder die Karibik. Nun kann im Internet nach möglichen Flügen Ausschau gehalten werden, um ein Gefühl für die Preisgestaltung zu bekommen. Eine andere Möglichkeit ist die Herangehensweise über die Reisezeit oder -saison. Wenn beispielsweise eine Reise im November vorgesehen ist und Sonne, warme Temperaturen und Meer dabei sein sollen, schließen sich automatisch einige Länder aus. Hiernach können die weiteren Schritte vorgenommen werden wie im obigen Beispiel. Weitere Tipps zu Budgetplanung findest du im Kapitel *Budget und Kosten*.

Die lange Reise oder Weltreise

1. **Reisedauer und Reisezeit:** Ich habe **zwölf Monate** Zeit.
2. **Budget:** Mein Budget beträgt **10 000 Euro**.
3. **Reiseart:** Auf einer **bunt gemischten Weltreise** möchte ich Länder kennenlernen, die möglichst aneinandergrenzen, um lange Strecken und hohe Kosten zu vermeiden. Gern würde ich auch **zwischendurch arbeiten**, um einen intensiveren Kontakt zu Land und Leuten zu bekommen.
4. **Komfort und Sicherheit:** Ich möchte backpacken und **möglichst günstig übernachten**. Komfort ist mir nicht so wichtig, daher schlafe ich gern in Dorms (Mehrbettzimmer in Hostels) oder in privaten Unterkünften, zum Beispiel über **Couchsurfing**. Auch Sicherheit ist mir dabei wichtig, weshalb ich preisgünstige sowie **sichere Reiseländer** wähle.

Beginnen solltest du zunächst mit der Wahl des Kontinents. Für Anfängerinnen kämen hier am ehesten entweder Südostasien (Vietnam, Laos, Kambodscha, Myanmar, Thailand, Indonesien) oder Australien mit Neuseeland infrage. Anschließend wird das geeignetste Land für den Start bestimmt, in Bezug auf die beste Reisezeit und einen günstigen Flugpreis. Alles Weitere kann sich bei Bedarf auch erst während der Reise ergeben.

Weniger als durchschnittlich 30 Euro pro Tag für die gesamte Reise innerhalb eines Jahres sind wenig, aber je nach Reisestil durchaus möglich, zumal zwischendurch Geld verdient werden kann, zum Beispiel über Work and Travel oder Aushilfsjobs. Flüge, Visa, Reiseführer und Transfers müssen in das Tages-Budget für Unterkunft, Touren, Essen und Getränke miteinbezogen werden. Weitere Informationen zur Budgetplanung einer Weltreise findest du im Kapitel *Vor der Weltreise*.

ANGST VOR ...

Du möchtest deine Alleinreise unbedingt antreten, kämpfst aber dennoch mit Gefühlen der Unsicherheit? Hier bekommst du eine geballte Ladung Troubleshooting, bevor es losgeht.

Ängste schauen bei jeder von uns in unterschiedlicher Form immer mal wieder vorbei. Vielleicht hilft es dir zu wissen, dass manche Gefühle wie Angst, Freude, Ärger oder Wut durchschnittlich nur 90 Sekunden anhalten, solange man sie danach nicht noch weiter befeuert oder bestärkt. Es gibt natürlich auch chronische Ängste, die wir vielleicht schon seit der Kindheit mitschleppen. Sie sind ein Teil von uns und etwas ganz Natürliches. Letztendlich hat Angst auch positive Seiten! Manchmal kann es sinnvoll sein, gegen sie anzukämpfen und manchmal lohnt es sich, ihr aufmerksam Raum zu geben. Daher einige Tipps zu den größten Bedenken von Alleinreise-Newbies.

Einsamkeit: Sie ereilt wahrscheinlich jede irgendwann einmal und gehört eher zu den nicht so angenehmen Gefühlen. Mich sucht sie zum Beispiel meist nur in den ersten zwei bis drei Tagen der Reise auf, wenn ich ganz neu in einem Land bin oder an einem Ort ankomme, von dem ich noch nicht so genau weiß, ob er mir überhaupt gefällt. Dieses Empfinden ist ganz normal und kann gut überbrückt werden, indem man verständnis- und liebevoll mit sich selbst umgeht. Einsamkeitsgefühle entstehen meist dann, wenn man sich allein nicht wohlfühlt oder gern jemanden an seiner Seite hätte. Mit diesem Wissen kann man sich in solchen Momenten selbst etwas Gutes tun, indem man beispielsweise etwas Leckeres essen geht, Tagebuch schreibt, eine Liste mit positiven To-dos macht, ein gutes Buch liest, shoppen oder am Strand spazieren geht. Du könntest auch eine Freundin oder die Familie über Skype anrufen oder Kontakt zu Gleichgesinnten im Hostel aufnehmen. Erfahrungsgemäß reduziert sich das Einsamkeitsgefühl nach einiger Zeit wieder. Es sollte bestenfalls seine Berechtigung haben, genauso wie Freude, Wut, Ärger, Traurigkeit und andere Gefühle, die kommen und gehen. Daher hilft es vielleicht, wenn du es nicht als etwas betrachtest, wovor du Angst haben solltest.

Es gibt auch Situationen, in denen man sich in einer Stadt oder in einer Umgebung schlichtweg unwohl fühlt. In diesem Fall lohnt es sich, über einen Plan B nachzudenken. Vielleicht lässt sich die Route ändern oder möglicherweise macht es Sinn, die Unterkunft oder den gesamten Ort zu wechseln. Manchmal können auch schon Ausflüge in die entferntere Umgebung eine gute Abwechslung darstellen.

Du brauchst keine Angst vor Einsamkeitsgefühlen zu haben, weil ... sie sich in der Regel nach kurzer Zeit wieder verabschieden werden.

Langeweile: Viele bewegt vor der Reise die Frage, ob sie sich am Reiseziel ausreichend beschäftigen können. Ich handhabe es daher so, dass ich unterwegs genau die Dinge dabeihabe, die ich auch zu Hause in meiner Freizeit verwende: Handy für Kontaktpflege und soziale Kanäle, Hörbücher, etwas zum Stricken, Musik, das Laptop für Fernsehen, Tagebuch und Recherche sowie den Kindle zum Lesen. Manchmal kombiniere ich das mit dem Besuch eines Cafés in der Nähe und lese dort eine Zeitung oder ein Buch. Mitunter gehe ich auch einfach mit der Kamera vor die Tür. Oder ich suche mir im Reiseführer etwas aus, das mich normalerweise weniger interessieren würde. Im Grunde gibt es unzählige Möglichkeiten, sich selbst zu bespaßen. Ich nutze solche Momente manchmal sogar bewusst dafür, einfach nur im Bett zu liegen, an die Decke zu schauen und den Gedanken freien Lauf zu lassen. Dabei kommen oft interessante Dinge zu Tage.

Du brauchst keine Angst vor Langeweile haben, weil ... die Alleinreise an sich schon so aufregend ist, dass du an den meisten Tagen mit neuen Eindrücken und Gedanken überflutet wirst. Und das kann beflügeln, verändern, inspirieren und zudem sehr glücklich machen!

Hilflosigkeit: Was könnte passieren, wenn ich mich an einem Ort nicht wohl fühle, mich verlaufe oder in eine gefährliche Situation gerate? In diesen Fragen kann man sich natürlich unendlich verlieren, denn unser Kopfkino hält schließlich für alle Horror-Szenarien einen entsprechenden Film bereit. Nur sollte man sich vergegenwärtigen, dass diese negative Vorausschau überhaupt nichts bringt. Das Leben wäre ungemein langweilig, wenn wir alles vorhersehen könnten. An dieser Stelle möchte ich auch erwähnen, dass wir Frauen groß, stark und zu allem in der Lage sind, was wir uns vorgenommen haben. Aus Erfahrung kann ich dir versichern, dass es immer und überall eine Lösung gibt. Zudem ist es eine wundervolle Erfahrung zu lernen, dass man sich selbst und dem eigenen Leben ruhig mehr Vertrauen schenken kann. Aus einer zunächst ausweglos scheinenden Situation lernst du vielleicht plötzlich, dass du gar nicht so hilflos bist wie gedacht, sondern ganz schön viel Energie und Power hast. Und ich kann dir jetzt schon sagen, dass Erfahrungen wie diese süchtig machen können.

Du brauchst keine Angst vor Hilflosigkeit haben, weil ... du immer im Hinterkopf behalten solltest, dass du dir selbst vertrauen und dich auch in schwierigeren Situation auf dich selbst verlassen kannst!

Angestarrt werden: Eine der größeren Sorgen vor einer Reise ist die Angst davor, von anderen Menschen komisch angeschaut zu werden, weil man eben allein und nicht in Begleitung unterwegs ist. Ja, das kann passieren. In Japan wahrscheinlich kein einziges Mal, in Indien dafür unter Umständen permanent. Meistens würde ich das als Neugier interpretieren und weniger als etwas Beängstigendes. Außerdem gewöhnt man sich relativ schnell daran, wenn man dieser Tatsache keine Bedeutung schenkt. Denn bedenke: Du bist nicht die einzige Alleinreisende auf dieser Welt, sondern eine von vielen Tausenden. Zum anderen kann das Angeschautwerden auch ein persönliches Interesse signalisieren, das es in Deutschland leider immer weniger gibt, weil jeder einfach nur auf sich selbst fixiert ist.

Mache dir bewusst, dass es nicht deine Sache ist, wenn dich unterwegs jemand anstarrt, sondern Thema des anderen. Mit dir selbst hat das rein gar nichts zu tun. Fühle dich lieber wie ein Superstar und sei stolz darauf, dass andere dich anschauen. Betrachte dich keinesfalls als bedauernswert. Du bist so mutig und tapfer, dass du allein unterwegs bist, was immerhin nicht jede kann, und dafür darfst du dir auf die Schulter klopfen – als echtes Braves Girl eben! Noch ein kleiner Tipp für Frühstücksräume, Restaurants, Cafés und andere Lokalitäten: Nimm dir dein Handy oder etwas zu lesen beziehungsweise zu schreiben mit.

Du brauchst keine Angst vor Gaffern zu haben, weil ... es überhaupt nicht dein Problem sein sollte, dass andere etwas seltsam oder komisch finden. Du gehst deinen Weg und das ist genau richtig!

Krankheit: Um während der Reise gesund zu bleiben, solltest du dich gut vorbereiten – damit fühlst du dich gleich sicherer. Dazu gehört zum einen das Wissen, welche möglichen Risiken im Reiseland bestehen und welche Impfungen und Medikamente gegebenenfalls notwendig sind. Zum anderen kannst du dich mit einer passenden Vorsorge unterwegs gut schützen, angefangen von der Sonnenmilch bis hin zum Mückenschutz. In den nächsten Kapiteln findest du diesbezüglich noch viele Tipps und Hinweise. Wenn tatsächlich einmal etwas Ernsteres passieren sollte, lass dich, besonders in Ländern mit geringem Hygiene-Standard, in das beste Krankenhaus im Umkreis bringen. Mit einer Auslandskrankenversicherung, die du vor der Reise auf jeden Fall abschließen solltest (etwa 10 bis 15 Euro im Jahr), wird die Behandlung im Ausland bezahlt. Wichtig ist, dass deine Gesundheit immer an erster Stelle steht.

Du brauchst keine Angst vor Krankheit zu haben, weil ... du dich gut vorbereitet hast, versichert bist und mit 99,9-prozentiger Wahrscheinlichkeit im Notfall jemand in deiner Nähe sein wird, der den Notdienst rufen kann.

Spinnen, Schlangen und Co.: Ein kribbeliges Thema, mit dem viele Frauen besonders in tropischen Ländern im wahrsten Sinne des Wortes zu kämpfen haben. Eine wirklich tolle Lösung gibt es hier leider nicht, außer der Information, dass man sich zunehmend daran gewöhnt, je mehr man mit diesen kleinen und größeren Tierchen in Kontakt kommt. Auch lohnt es sich, Guides und Hotelpersonal darüber zu informieren, dass man damit ein Problem hat. Um den direkten Kontakt zu vermeiden, kann es zum Beispiel Sinn machen, sich ein Moskitonetz zu besorgen, das die Tierchen nachts von deinem Bett fernhält. Eine andere Möglichkeit, die Insekten nicht in die eigenen vier Wände kommen zu lassen, sind Ultraschallstecker. Einmal in die Steckdose gesteckt, halten sie zuverlässig verschiedene Arten von Insekten fern. Inzwischen kenne ich auch einige Frauen, die sich hypnotisieren lassen haben, und das mit sehr gutem Erfolg. Falls du also stark darunter leiden solltest und dennoch nicht auf exotische Ziele verzichten möchtest, wäre diese Option einen Gedanken wert. Welche Tiere wo auf dich lauern und wie du mit ihnen am besten umgehst, erfährst du in Reiseführern der einzelnen Länder.

Du brauchst keine Angst vor Spinnen, Schlangen und Insekten haben, weil ... okay, das wird dich vielleicht nicht überzeugen, denn die Antwort wäre, dass sie meistens nicht giftig sind und in der Regel wesentlich mehr Angst vor dir haben als umgekehrt.

Diebstahl: Was passiert, wenn ich meinen Reisepass verlieren oder mein Geld gestohlen werden sollte? Wie komme ich an Geld, wenn meine Kreditkarte im Automaten stecken bleibt oder meine Wertsachen abhandenkommen? Hier kann ich dir eine recht profane Antwort geben: Alles ist ersetzbar, wenngleich es natürlich mit Aufwand verbunden wäre. Aber die Welt würde davon nicht untergehen. Wir können heute online Geld transferieren, rund um den Globus telefonieren und Menschen um Hilfe bitten. Bei Verlust deines Reisepasses, kannst du auf der Seite des Auswärtigen Amts nach der nächsten Botschaft schauen, wo du einen vorläufigen Reisepass beantragen kannst. Ein Verlust während einer Reise ist extrem ärgerlich, aber eben kein Weltuntergang.

Du brauchst keine Angst vor Diebstahl zu haben, weil ... alles – bis auf dein Leben – ersetzbar ist.

Menschenmassen: Eine von vielen zu sein bietet zwar einerseits eine Menge gefühlte Sicherheit, andererseits kann es auch beklemmende Gefühle auslösen: Man muss besser auf das Gepäck aufpassen, findet keine Ruhe oder wird unangenehm abgedrängt. Wenn du dich ungern im Trubel aufhältst, kannst du das bereits im Voraus durch die Wahl deines Reiseziels beeinflussen. Auch ist die Wahl der Reisezeit hierbei oft ausschlaggebend, denn in der Nebensaison reist es sich meist viel entspannter. An Zielen mit hohem touristischem Aufkommen kannst du außerdem am besten besonders früh am Morgen oder, bei einem sicheren Reiseziel, auch abends hinausgehen.

Du brauchst keine Angst vor Menschenmassen zu haben, wenn ... du antizyklisch reist und dich entgegengesetzt der regulären Touristenströme verhältst.

Sprachbarrieren: Nicht jede spricht fließend Englisch, Französisch oder Spanisch, was vor der Reise Unsicherheiten verursachen kann. Solltest du dir diesbezüglich Sorgen machen, könntest du natürlich entweder vorher einen Sprachkurs belegen, oder dir ein sogenanntes Bildwörterbuch kaufen und zur Hand nehmen, wenn dir im Gespräch die Worte fehlen. Als Alternative gibt es auch Apps, bei denen du den deutschen Satz eingibst und diesen sogar in der Übersetzung laut abspielen lassen kannst. Aus meiner Erfahrung heraus kann ich dir allerdings versichern, dass man immer und überall weiterkommt, selbst wenn beide Gesprächspartner kein Wort verstehen. Das sind sogar oft die lustigsten Erfahrungen, weil man schließlich am Ende irgendwie zu einem Ergebnis kommen muss.

Du brauchst keine Angst vor Sprachbarrieren zu haben, weil ... man immer weiterkommt und du dir sicher sein kannst, dass du unterwegs eine Lösung finden wirst.

MÖGLICHKEITEN, UNTERWEGS ZU SEIN

Zunächst die gute Nachricht: Es gibt nicht nur die eine Alleinreise, sondern unzählige Varianten und Möglichkeiten! Nun die schlechte: Du wirst dich am Ende für eine aus dieser Vielzahl entscheiden müssen. Daher lass dich einfach berieseln, und entscheide nach deinem Gefühl, was dich am ehesten anspricht.

Auf eigene Faust
Städtetrip
Er eignet sich besonders für Alleinreise-Anfängerinnen oder wenn nur eine kurze Reisezeit zur Verfügung steht. Hierfür muss man eigentlich nur die An- und Abreise planen sowie eine Unterkunft buchen – fertig. Das einzig Neue hierbei ist die fremde Umgebung, ansonsten kann man den Tag genauso verbringen wie zu Hause: Shoppen, im Café sitzen und dabei ein Buch lesen oder Leute beobachten, spazieren gehen, Fotografieren, in der Unterkunft Fernsehen schauen, im Internet surfen und so weiter. Bei diesem Kurztrip bekommt man einen guten Eindruck davon, ob man für die Alleinreise geeignet ist oder nicht. Zugleich hat man endlich mal Zeit nur für sich und kann genau die Dinge tun, auf die man gerade Lust hat. Viele interessante Städte liegen übrigens direkt am Meer – darum kannst du auch den Bikini gleich mit einpacken.

Individualreise

Dies ist die klassischste Reisevariante: Flug oder Zug buchen und die Insel-, Fern-, Rund- oder Weltreise selbst in die Hand nehmen. Vielleicht sehnst du dich nach ein paar Wochen Strandfeeling unter Palmen in Asien oder du wolltest immer schon mal Machu Picchu bei Sonnenaufgang sehen? Möglicherweise reizt es dich, ein Land mit dem Mietwagen auf eigene Faust zu erkunden oder mit dem Bus ganz Mittelamerika unsicher zu machen? All diese Träume kannst du wahr werden lassen, und zwar voll und ganz nach deinen persönlichen Wünschen und Vorstellungen. Ob zwei Wochen, drei Monate oder gleich ein ganzes Jahr – die Möglichkeiten, Ziele und Routen sind hier unendlich vielfältig. Gleichzeitig gibt es natürlich viel zu planen und zu berücksichtigen, und hierbei helfe ich dir in den Folgekapiteln Schritt für Schritt.

Camping/Roadtrip

Eine immer populärer werdende Art zu reisen, weil sie schlichtweg unkonventionell und irgendwie auch ziemlich cool ist: Vanlife! Wenn du die Natur liebst und gern draußen bist, ist das eine tolle Art zu reisen. Alles, was du dazu brauchst, ist ein Auto, ein Zelt und eine Luftmatratze. Du wirfst einfach deine Sachen in den Kofferraum, überlegst dir ein ungefähres Ziel und fährst drauflos. Übernachten kannst du günstig auf Campingplätzen und jeden Tag neu entscheiden, wie es weitergehen soll. Wenn das Schlafen auf dem Boden nicht unbedingt deiner Idealvorstellung entspricht, gibt es verschiedene Alternativen wie zum Beispiel das Mieten eines Dachzeltes, das Ausbauen deines Kofferraumes (sofern möglich) oder bestenfalls der Kauf eines kleinen Wohnmobils. Europa hat viele wunderschöne Flecken, die du auf vier Rädern erkunden kannst.

Pilgern und Wandern

»Nur wo du zu Fuß warst, bist du auch wirklich gewesen« hatte schon Goethe festgestellt. Und seit Hape Kerkelings *Ich bin dann mal weg* und dem Bestseller und gleichnamigen Kinofilm *Der große Trip* von Cheryl Strayed ist das Reisen zu Fuß erfreulicherweise wieder in Mode gekommen. Man sagt, dass man beim Pilgern den Weg der Sehnsucht geht: den Alltag hinter sich lassen und sich selbst zuwenden. Das muss aber nicht zwingend auf dem Jakobsweg sein. Überall auf der Welt gibt es Routen und Orte, die sich für jegliche Art des Wanderns eignen. Bei dieser übrigens verhältnismäßig günstigen Reiseart steht meist die Persönlichkeitsentfaltung an erster Stelle.

Nicht so ganz allein unterwegs
Soziales Projekt

Du würdest gern Zeit im Ausland verbringen, dabei einer Kultur näherkommen und gleichzeitig etwas Gutes tun? Dann wäre Freiwilligenarbeit in einem Entwicklungsland vielleicht genau das Richtige für dich! Hier gibt es ein vielfältiges Angebot: Vom Englisch-Unterricht nepalesischer Mönche über Meeresschutzprojekte in Mexiko bis hin zum Zählen von Wildtieren in der namibischen Steppe ist alles möglich. Du kannst Kinder unterrichten oder unter Naturschutz stehende Tiere retten und hierbei deine sozialen Fähigkeiten unter Beweis stellen und erweitern. Alles in allem eine tolle Erfahrung! Kleiner Wermutstropfen: Die Reisen sind meist nicht kostenfrei, aber dennoch günstiger als eine normale Reise, mit dem Vorteil, dass man sich in sicherer Umgebung eines erfahrenen Teams befindet.

Camps und Retreats

Wenn es nicht der klassische Urlaub sein soll, sondern einfach eine kleine Auszeit nötig ist, wäre das möglicherweise die erste Wahl für dich. Natürlich sind auch hier der Auswahl keine Grenzen gesetzt, die Angebote reichen vom Selbstfindungs- oder Yoga-Retreat in Costa Rica oder Indien, Surf-Camps in Portugal oder Marokko bis hin zur Reittour durch die Wüste Jordaniens. Die Hin- und Rückreise bewältigst du spielend allein und bist vor Ort von einer Gruppe Gleichgesinnter umgeben. Kleiner Tipp: Schau dir auf der Webseite und den sozialen Kanälen deiner Wunsch-Agentur am besten vor der Buchung die Fotos vergangener Reisen an, damit du besser einschätzen kannst, ob das Durchschnittsalter der dort abgebildeten Reiseteilnehmer auch zu dir passt.

Work and Travel

Eine recht beliebte Art zu reisen für jüngere Abenteuerlustige zwischen 18 und 30 beziehungsweise 35 Jahren. Einige Länder stellen ein spezielles Visum aus mit dem man sich bis zu einem Jahr lang durch Gelegenheitsjobs im Reiseland über Wasser halten kann. Die meisten zieht es nach Australien, Neuseeland, Kanada, Südafrika oder in die USA. Man kann Work and Travel über eine Agentur buchen oder das Jobhopping auf eigene Faust vornehmen, allerdings wird man möglicherweise kleinere Durststrecken durch die Suche oder Wartezeiten in Kauf nehmen müssen. Hier bieten sich Jobs auf einer Farm an, in einem Büro oder Geschäft. Die Bezahlung ist nicht selten gering; manchmal erfolgt sie unentgeltlich bei freier Kost und Übernachtungsplatz.

Sprachreise

Vielleicht wolltest du immer schon mal Spanisch lernen, und das am liebsten gleich in der Karibik oder in Südamerika? Oder deine Englisch-Kenntnisse brauchen dringend ein Update, das du dir beispielsweise im Rahmen einer Reise nach Irland oder Schottland zu Gemüte führen möchtest? Auch hier gibt es überall ein riesiges Angebot an Sprachschulen, die Gastfamilien, Wohnheime oder Wohngemeinschaften vermitteln. In diesem Fall hältst du dich tagsüber unter Menschen auf, knüpfst neue Kontakte und bist dadurch nicht vollkommen auf dich allein gestellt. Anders gesagt: Du kannst frei entscheiden, ob du deine freie Zeit allein verbringen oder mit anderen teilen möchtest.

Urlaub gegen Hand

Eine immer beliebter werdende Reiseart: Kostenfrei an einem Ort Urlaub machen und als Gegenleistung im Haus oder auf dem Hof mitanpacken. In entsprechenden Facebook-Gruppen oder Foren werden die unterschiedlichsten Themen und Orte angeboten mit der zusätzlichen Information, um welchen Zeitraum es sich handelt und was man dafür im Gegenzug tun müsste. Wenn es passt, kann man dadurch für eine Weile in eine unter Umständen ganz andere Welt eintauchen, ohne dabei viel Geld ausgeben zu müssen.

Kluburlaub

Geschmackssache, aber durchaus eine Möglichkeit für einen entspannten Urlaub. Vorteil: Hier kann man vieles gemeinsam unternehmen und aktiv sein, muss aber nicht. Die Klubs haben je nach Lage meist verschiedene Programme, auch sollte man sich im Vorfeld genauer mit den Schwerpunkten in Bezug auf Singles und Familien auseinandersetzen. Achtung: Wenn du in den Schulferien verreist, wirst du möglicherweise mit einem hohen Aufkommen an Familien mit Kindern rechnen müssen, was vielleicht nicht deiner Vorstellung von Ruhe und Entspannung entspricht. Zu den bekanntesten Resorts gehören hier der *Robinson Club* und *Aldiana*.

BUDGET UND KOSTEN

Die Herangehensweise an die Planung der Ausgaben und Kosten einer Reise wird jede wahrscheinlich ein wenig anders gestalten. Manche schauen zuerst auf ihr Budget und welche Reiseziele damit infrage kommen könnten. Andere wiederum haben bereits ein konkretes Reiseziel vor Augen und gestalten ihre Reise dann entsprechend dem Betrag, den sie ausgeben können. Manche gehen auf Weltreise und unterwegs kleineren Jobs nach, wodurch sie zwischendurch Einkünfte haben. Also auch hier sind wieder verschiedene Ansätze möglich.

Grundsätzlich gilt zu beachten: Je schneller man von Ort zu Ort reist, umso höher werden meist die Ausgaben sein. Transfers, Touren und Eintrittsgelder sind zwar im Einzelnen oft nicht so teuer, können aber durchaus am Ende eine recht hohe Summe ergeben. Ich möchte daher nachstehend ein paar Beispiele geben, damit du ein Gefühl für die verschiedenen Budget- und Kostenplanungen bekommen kannst. Einer der wenigen Nachteile des Alleinreisens sind die höheren Kosten, bedingt durch die Tatsache, dass du verschiedene Bestandteile der Reise nicht durch zwei teilen kannst, wie etwa das Hotelzimmer oder manche Verkehrsmittel. Aber natürlich gibt es Mittel und Wege, bei Bedarf dennoch sehr günstig reisen zu können, wie hier am Beispiel der etwas längeren Reise dargestellt:

Beispiel A

Miriam hat im Februar zwei Wochen Zeit und kann 1400 Euro ausgeben. Es ist ihre erste Alleinreise und daher möchte sie angenehm ohne zu viel Einschränkung in einem sicheren Reiseland unterwegs sein, dort ein paar Tagestouren unternehmen und tauchen lernen.

Mögliche Herangehensweise: Als Anfängerin ist es sinnvoll, ein Land zu wählen, in dem viele Reisende unterwegs sind, damit sie ihrem Bedürfnis nach Gemeinschaft – falls ihr danach sein sollte – nachgehen könnte. Zum Tauchen eignen sich zum Beispiel Thailand oder Mexiko, weil es relativ günstige Reiseländer sind, die gleichzeitig als sicher gelten. Zudem wird Miriam viele Gleichgesinnte treffen können. Nach einiger Recherche über Tauchmöglichkeiten entscheidet sie sich für die Halbinsel Yucatán in Mexiko. Auch die Reisezeit ist passend. Nun geht es an die Budget-Planung:

Budget für zwei Wochen:	1400 Euro
Hin- und Rückflug Frankfurt – Cancún	ca. 610 Euro
Hin- und Rückreise Zug Köln – Frankfurt	ca. 90 Euro
Unterkünfte ca. 20 €/Nacht	ca. 240 Euro
Verpflegung ca. 8–10 €/Tag	ca. 130 Euro
Tauchkurs	ca. 400 Euro
Transfers (Boot, Bus, Taxi)	ca. 100 Euro
Gesamtsumme	**ca. 1570 Euro**

Bei dieser Kalkulation ist Miriam nun schon über dem gelandet, was sie ursprünglich ausgeben wollte. Hier gibt es jetzt vier Möglichkeiten: 1. Sie bekommt die höhere Summe zusammen. 2. Sie versucht weiter einzusparen. Also beispielsweise an nur einem Ort zu bleiben, dort tauchen zu gehen und zu relaxen. Oder sie könnte durch *Couchsurfing* Geld bei den Unterkünften sparen. 3. Sie lässt den Tauchkurs weg und geht nur schnorcheln. 4. Sie entscheidet sich für ein anderes Ziel, in dem die Kombination aus Tauchen und Strandurlaub bei gutem Wetter finanziell eher möglich ist, zum Beispiel in Ägypten. Hier muss man einfach individuell für sich entscheiden, was einem selbst wichtig und andererseits finanziell möglich ist.

Weitere Kosten, die in dieser Berechnung nicht enthalten sind, können die Vorbereitung und Ausrüstung betreffen. Sie gehören zu den Nebenausgaben einer Reise, die mit eingeplant werden müssen wie: Rucksack oder Koffer, Campingausrüstung, Bücher, Medikamente, Visa, Prepaid-Karte des Reiselandes und so weiter. Hier empfehle ich, das benötigte Equipment im Vorfeld in kleinen Schritten zu besorgen, damit die Ausgaben nicht kurz vor der Abreise ein zu großes Ausmaß annehmen.

Mein Finanztipp für die gesamte Planung: Wenn du deine Kosten kalkulierst, plane bei den Ausgaben im Reiseland ruhig etwas großzügiger. Wenn die Reise ohne jegliche Puffer stattfindet, kann es unterwegs zu Missstimmungen kommen, weil man sich permanent einschränken und extrem sparen muss. Eine Reise sollte ja eigentlich etwas sehr Genussvolles sein, und wenn man sich viele schöne Dinge unterwegs verkneifen muss, ist das eher kontraproduktiv. Wenn das Budget für die Fernreise gerade nicht ausreicht, gibt es beispielsweise günstige Trips in Europa, in denen man wenig ausgibt und sich dennoch im Verhältnis viel leisten kann. Manchmal lässt sich auch aus einem Pauschalurlaub viel machen. Wenn die Grundkosten verhältnismäßig gering sind, bleibt während der Reise noch viel Luft für Ungeplantes, Shopping oder Wellness.

Bei einer längeren Reise oder Weltreise wird die Planung etwas anders aussehen, wie ich in folgendem Beispiel zeigen möchte, um ein besseres Gefühl für die möglichen Kosten zu vermitteln.

Beispiel B

Johanna möchte ein Jahr lang auf Weltreise gehen und hat dafür 10 000 Euro gespart. Sie möchte backpacken, möglichst günstig übernachten und einige aneinandergrenzende Länder bereisen. Unter Umständen würde sie zwischendurch Jobs annehmen, um etwas dazuzuverdienen und besser in die Kultur eintauchen zu können.

Mögliche Herangehensweise: Wenn man ihr Gesamtbudget zugrunde legt und 10 000 Euro durch 365 Tage teilt, wären das gut 27 Euro, die ihr pro Tag zur Verfügung stehen. Davon abgezogen werden noch die größeren Posten wie Hin- und Rückflug, Transfers, Eintrittsgelder und möglicherweise Touren, weshalb sich hier eher kostengünstige Reiseländer anbieten. Da noch nicht sicher ist, wo und wie viel Geld sie unterwegs verdienen kann, ist ihr eigenes Budget zunächst maßgeblich. Daher entscheidet sie sich für Südostasien. Hier kann sie viele Länder kennenlernen, ohne hohe Kosten für die Weiterreise aufwenden zu müssen. Sie möchte in Vietnam beginnen und die ersten zwei Wochen fest buchen. Alles Weitere entscheidet sie nach und nach, wie es ihr gefällt.

Ausgangsbudget für ein Jahr:	10 000 Euro
Hin- und Rückflug Fernreise	ca. 750 Euro
Hin- und Rückreise Zug	ca. 90 Euro
Verschiedene Reiseführer	ca. 60 Euro
Diverse Visa	ca. 250 Euro
Verbleiben	**8850 Euro**

Nach den Abzügen der Fixkosten verbleiben nun gut 24 Euro pro Reisetag für Unterkunft, Verpflegung, Transfers, Eintrittsgelder, Touren, Mietgebühren, Ausgehen und so weiter. Das ist zwar sehr wenig, aber in kostengünstigen Reiseländern mit diversen Einschränkungen durchaus möglich. Johanna wird in Dorms (Mehrbettzimmer in Hostels) schlafen und gelegentlich *Couchsurfing* nutzen, günstig essen und trinken sowie selten eine kostenpflichtige Tour machen.

Ich persönlich würde an ihrer Stelle zunächst nur zehn Monate ansetzen, wodurch das Tagesbudget mit 29 Euro etwas entspannter ausfiele. Wenn ich dann während der Reise Geld verdienen würde, könnte ich noch die beiden weiteren Monate dranhängen. Aber dieser Gedanke ist Geschmackssache – ich möchte dir hier nur die große Vielfalt an Möglichkeiten bei der Reiseplanung vermitteln. Auf längeren Reisen macht es jedenfalls Sinn, sich selbst ein Tagesbudget vorzugeben, damit die Kosten im Rahmen bleiben. Manche führen dazu ein tägliches oder monatliches Ausgabenbuch mittels einer App wie *Trail Wallet* oder *Trabee Pocket*.

Reisen mit dem Auto oder Wohnmobil

Frauen brauchen Abenteuer – und das gern auf vier Rädern auf dem Weg durch Europa. So geht es mir zumindest bei meiner inzwischen liebsten Reiseart. Die Kosten für eine solche Reise sind extrem unterschiedlich. Sie hängen natürlich vom allgemeinen Preisniveau des Reiselandes ab, vom Spritverbrauch des Wagens und welche Art Unterkunft man wählt. Wer auf Campingplätzen unterwegs ist, zum Beispiel mit dem Zelt, hat die geringsten Kosten. Manche legen sich auch einfach eine Matratze ins Heck des Wagens und dunkeln für die Nacht die Scheiben ab. Andere mieten sich ein Dachzelt, das bequemer und etwas luxuriöser ist. Einige Frauen wiederum kaufen sich einen VW-Bus oder ein ähnliches Gefährt, in dem man auf wenigen Quadratmetern gut übernachten und wohnen kann. Letztere Variante ist zwar ziemlich cool, kann besonders als Zweitfahrzeug aber recht kostspielig sein (Unterstellplatz, Reparaturen, Versicherung, Steuer) – besonders, wenn man nicht regelmäßig damit verreist. Eine andere Möglichkeit sind kleine Hütten, die es mittlerweile auf den meisten Campingplätzen gibt. Sie kosten meist nicht viel und man schläft in einem normalen Bett. Wenn man länger an einem Ort bleiben möchte, kann man auch nach privaten Unterkünften oder Ferienwohnungen Ausschau halten. Mit etwas Glück kostet diese Übernachtung genauso viel wie die Nacht auf dem Campingplatz. Manche Frauen campen auch »wild« auf Park- oder Rastplätzen, was ich persönlich allerdings nur eingeschränkt empfehlen würde.

Sofern du also mit dem Auto fährst und auf Stell- und Campingplätzen übernachtest, kannst du je nach Reiseland mit 8 bis 35 Euro Übernachtungsgebühr rechnen. Nur mit Zelt ist diese noch wesentlich günstiger. Hinzu kommen natürlich Kosten für Benzin und deine Verpflegung. In manchen Ländern braucht man zudem eine Autobahnplakette und andernorts muss man teilweise Mautgebühren bei der Nutzung der Autobahnen bezahlen. Weiterführende Informationen und Details zum Reisen mit Wohnmobil erfährst du im Kapitel *Roadtrips durch Europa*.

Wie kann ich meine Reise finanzieren?

Reisen hat einen echten Nachteil: Es kostet meist eine ganze Menge Geld. Während des Studiums hat man wenig Zeit für einen Nebenjob, der über den Lebensunterhalt hinaus noch Möglichkeiten zum Sparen bietet. Und auch für die Angestellten und Freiberufler unter uns ist es oft gar nicht so einfach, sich insbesondere etwas teurere oder exotischere Reisen zu leisten. Die meisten leidenschaftlich Reisenden haben daher in der Regel nur eine Antwort auf die Frage, wie man sich seinen Auslandstrip finanzieren kann: Reduktion und Einschränkung des alltäglichen Lebensstandards. Genauer gesagt bedeutet das, den persönlichen Konsum auf ein Minimum zu reduzieren: Auf unnötige Kleider- und Schuhkäufe verzichten beziehungsweise secondhand kaufen, viel selbst kochen und wenig außerhalb essen oder ausgehen, Bahn oder Fahrrad fahren statt Auto und so weiter. Allein der Coffee-to-go beim Bäcker an jedem normalen Arbeitstag macht in einem Jahr schon über 500 Euro aus. Auch das bekannte Kleinvieh kann also ziemlich großen Mist machen.

Für die rastlosen Reise-Junkies gibt es neben dem beschriebenen Verzicht natürlich alternativ oder zusätzlich noch die Möglichkeit, mehr zu arbeiten oder einen weiteren Job anzunehmen. Durch das Internet gibt es inzwischen viele Möglichkeiten, Arbeiten von zu Hause beziehungsweise am Laptop durchzuführen, wodurch man also nicht extra einen zweiten Arbeitsplatz aufsuchen muss. Mit ein paar Stunden mehr am Abend oder am Wochenende kann man durchaus einiges verdienen und für die bevorstehende Traumreise zur Seite legen.

VOR DER WELTREISE

Unter einer Weltreise versteht man tendenziell eine Reise, die mindestens einige Monate oder sogar Jahre dauert und auf mehreren Kontinenten in verschiedenen Ländern stattfindet. Wenn du »nur« ein paar Monate verreisen möchtest, ist das vielleicht nicht direkt als Weltreise zu bezeichnen, aber die Planung verläuft dennoch relativ ähnlich. Meine Empfehlung für die Dauer einer Weltreise wäre ein Jahr, wobei dies eine sehr individuelle und persönliche Entscheidung ist. Jeder hat andere Grundvoraussetzungen, Bedürfnisse, Erfahrungswerte, Ängste und auch Bindungen an die Heimat, weshalb man sich hier auf das eigene Gefühl verlassen sollte, was sich gut und richtig anfühlt.

- **3 bis 6 Monate:** Besonders geeignet für Weltreise-Anfängerinnen und jene, die einfach mal eine Auszeit brauchen, um auf neue Gedanken zu kommen oder Abstand zu gewinnen. In einem Vierteljahr kann man zum Beispiel entspannt einige Länder in Südostasien oder Mittel- und Südamerika bereisen, Europa mit dem Zug oder Bus erkunden oder auf Pilgerreise gehen.
- **6 bis 12 Monate:** Hierbei lassen sich je nach persönlichem Reisetempo durchaus mehrere Kontinente miteinander verbinden, zum Beispiel Asien und Ozeanien (Australien, Neuseeland und Südsee); Nord- und Südamerika; Europa und Afrika und so weiter. Bei der Wahl sind der Fantasie keine Grenzen gesetzt, jedoch hängt vieles vom Budget ab. Viele verbinden heute beispielsweise auch ein soziales Projekt mit einer sich daran anschließenden Weiterreise im Reiseland oder über dessen Grenzen hinaus.
- **1 Jahr und länger:** Die Welt liegt dir zu Füßen! In einem Jahr wird man natürlich nicht alle Länder der Erde bereisen können – was auch nicht Sinn der Sache sein sollte –, aber ein intensiver Einblick in verschiedene Kulturen und Kontinente wird möglich sein. Vielleicht bleibt man zwischendurch einfach mal für ein paar Monate an einem Ort,

der einem gut gefällt. Übrigens kann man während dieser Dauerreise durchaus auch zwischendurch für ein paar Wochen heimkehren und dann weiterziehen, wenn einem danach ist.

Natürlich hängt die Wahl entscheidend vom vorhandenen Budget und der Möglichkeit ab, dass der Arbeitgeber beziehungsweise die allgemein berufliche Situation diese Auszeit ermöglicht. Neben den klassischen Reisekosten unterwegs gibt es noch diverse weitere Dinge, die man in die Kalkulation mit einbeziehen muss, weil sie vor der Abreise entstehen. Hierzu gehört:

- **Reiseequipment**: Rucksack, Packbeutel, speziellere Ausrüstung wie Trekking-Schuhe oder Kosmetik wie Sonnencreme,
- **Literatur**: Reiseführer, Bücher zur Unterhaltung, Magazine, eventuell Bildbände zur Inspiration,
- **Technik**: Kamera, Laptop, Speichermedien, Ersatzakku,
- **Versicherungen**: Auslandskrankenversicherung, Reiserücktritts- oder Abbruchs-, Gepäckverlust- und/oder Rechtsschutz-Versicherung,
- **Ausweise**: Visa, Reisepass (je nach Reiseland fallen Gebühren zwischen 10 und 120 Euro an),
- **Medizinische Versorgung**: Impfungen, Medikamente, zum Beispiel gegen akuten Durchfall, Schmerztabletten, Pflaster, Malaria-Prophylaxe, tauchärztliches Attest,
- **Sicherheitstools**: Trillerpfeife, Notfall-Alarm, Türstopper oder andere.

Allein bei der Vorbereitung können schon viele Hundert Euro anfallen, die aufgrund der persönlichen Vorlieben, der Verschiedenheit der Reiseziele und der Gegebenheiten vor Ort schwer vorhersagbar sind. Daher macht eine frühzeitige Planung Sinn, damit man schon über einen längeren Zeitraum vorab die notwendigen Accessoires und weitere nützliche Dinge anschaffen kann. Das steigert die Vorfreude und erleichtert die Finanzierung durch die zeitliche Dehnung.

Wie viel Geld brauche ich unterwegs?

Fixe Richtwerte gibt es nicht, denn das hängt individuell sehr stark von der Art zu reisen ab und in welchem Land man sich aufhält. In erster Linie bestimmt dein Reisestil die Kosten der Reise.

- **Super-Low-Budget**: Kostenfreies oder preiswertes Übernachten bei Privatanbietern, zum Beispiel über *Couchsurfing*, Camping mit Zelt, Verkehrsmittel: Fahrrad, zu Fuß, trampen oder lokaler Bus, 100 Prozent Selbstverpflegung,
- **Low Budget**: Übernachtung in privaten Unterkünften über *Couchsurfing* oder *AirBnb*, in Dorms (Mehrbettzimmer) in Hostels oder Jugendherbergen, Verkehrsmittel: Bus, Fahrrad, Moped, Zug, überwiegend Selbstverpflegung,
- **Flashpacker**: Privatunterkunft, Hostel oder Hotel, Verkehrsmittel: Taxi, Bus, Zug, Mischung aus Selbstverpflegung, Restaurants und Cafés,
- **Luxus**: Komfortable Privatunterkunft (zum Beispiel in Alleinnutzung) oder Hotel, Verkehrsmittel: Flugzeug, Mietwagen, Taxi, Bus, Zug, Verpflegung überwiegend in Restaurants und Cafés.

Am Tag können hier also je nach Reisestil zwischen 10 Euro und 100 Euro oder mehr anfallen. Mit einrechnen muss man dabei natürlich noch den

Hin- und Rückflug sowie die im Vorfeld anfallenden Kosten. Tendenziell gilt daher: je kürzer die Gesamtreisezeit, umso höher sind im Verhältnis die Kosten für die gesamte Reise.

Rechenbeispiel: Wenn man einfache Unterkünfte von 10 bis 30 Euro pro Nacht wählt, pro Tag für Getränke und Essen durchschnittlich 5 bis 10 Euro ausgibt, sind dies 15 bis 40 Euro pro Tag. Multipliziert man diesen Betrag mit der geplanten Reisezeit, zum Beispiel drei Monate, ergibt dies etwa 1350 bis 3600 Euro insgesamt für Unterkunft und Essen. Hinzurechnen muss man dann noch Flüge, weitere Verkehrsmittel und die erwähnten Kosten für Visa, Impfungen, Reiseführer und so weiter. Für eine einjährige Weltreise werden daher aller Wahrscheinlichkeit nach mindestens 10 000 Euro anfallen, sofern man sich in günstigen Ländern wie Südostasien aufhält. Sobald man Reiseziele mit höherem Preisniveau wählt (wie Australien, Neuseeland, USA oder Südamerika), sind Kosten von 50 bis 70 Euro pro Reisetag nicht unwahrscheinlich, und dann können die Gesamtkosten für ein Jahr schnell auf 20 000 Euro und mehr ansteigen.

Vorher sparen oder unterwegs arbeiten?

Auch das hängt davon ab, wie man die Reise verbringen beziehungsweise welchen Reisetraum man sich erfüllen möchte. Willst du dich der Reise voll hingeben und jedes Land bis ins kleinste Detail genießen? Dann lohnt sich vielleicht eher das vorherige Sparen. Unterwegs zu arbeiten kann eine bereichernde Erfahrung sein, aber das hängt am Ende ein wenig von den eigenen Vorstellungen und natürlich auch der Art einer Arbeit ab. Für mich persönlich wäre das Ansparen der Summe vor Abreise das Mittel der Wahl, weil ich damit finanziell sorgenfrei sein und mich hundertprozentig der Reise widmen kann.

Mögliche Jobs unterwegs sind zum Beispiel neben Kellnern, Farmarbeit, Aushilfe in Hostels oder Hotels spezielle Work-and-Travel-Programme. Falls du an einem sozialen Projekt teilnehmen möchtest, bedenke, dass dies in den meisten Fällen eher Geld kostet als einbringt.

Wie bekomme ich die Summe für eine Weltreise zusammen?

Wie bei fast allen begehrenswerten Dingen muss man meist etwas dafür tun, um sich den Wunsch erfüllen zu können. Dies geht in vielen Fällen durch Verzicht und/oder Mehrarbeit. Wenn du bereits weißt, dass du gern eine Weltreise für eine bestimmte Zeit und einen bestimmten Betrag unternehmen möchtest, kannst du dich darauf bereits über einen längeren Zeitraum entsprechend gut vorbereiten.

- **Verzicht**: Das geht viel einfacher als man denkt! Jedes Kleidungsstück verliert bereits unmittelbar nach dem Kauf 90 Prozent seines materiellen Wertes. Vielleicht kann man sich mit diesem Wissen bereits die eine oder andere Anschaffung gleich verkneifen. Verzichtet man zudem auf unnötige Deko, teure Magazine, die Cocktails am Abend und alles, was eigentlich einzeln nicht so viel Geld kostet, wird man schnell feststellen, dass sich hier viel Geld einsparen lässt. Bei 10 Euro täglich wäre das in einem Jahr bereits eine Summe von 3650 Euro.
- **Mehrarbeit**: Ein paar Euro mehr verdienen geht eigentlich recht leicht. Aushilfsjobs gibt es wie Sand am Meer und wenn man zum Beispiel einige Tage im Monat zusätzlich halbtags arbeiten würde, könnte man 450 Euro auf Aushilfslohn-Basis nebenher verdienen (Achtung: Arbeitgeber des Haupt-Jobs um Erlaubnis bitten!). Klar gibt es schönere

Dinge auf der Welt, aber wenn man seinem Traum näherkommen will, muss man wohl oder übel etwas dafür tun.

- **Ausmisten:** Unser Hab und Gut ist zwar heute im Wiederverkauf erschreckend wenig wert, aber vielleicht kann man sich ja doch von dem einen oder anderen guten Stück trennen und zum Beispiel auf eBay oder Amazon verkaufen. Das befreit nicht nur, sondern bringt auch noch zusätzliches Geld für die Reisekasse.
- **Crowdfunding:** Eine neue Alternative, an Sponsoren zu kommen. Man kann per Video auf einer Plattform wie Kickstarter, *Indiegogo* oder *Startnext* auf sein Projekt aufmerksam machen und darauf hoffen, so sympathisch rüberzukommen, dass man finanziell unterstützt wird. Dafür wird natürlich eine Gegenleistung erwartet, etwa ein Video oder ein Buch über die Reise oder eine andere – möglichst kreative – Idee. Alternativ gibt es eine Spendenplattform namens *Leetchi*, auf der man sich vorstellen und um finanzielle Unterstützung bitten kann, ohne eine Gegenleistung erbringen zu müssen.

Wie soll man unterwegs Geld sparen – und wobei?

Wenn man auf der Reise die Ausgaben unter Kontrolle haben muss – und das ist meistens der Fall –, wird man nach und nach Wege finden, verschiedene Dinge günstiger zu lösen und auf Dauer eine Menge Geld zu sparen.

- **Teilen:** Sofern man allein unterwegs ist, lohnt es sich, nach Gleichgesinnten Ausschau zu halten, mit denen man sich Touren, Fahrten, Verkehrsmittel und Unterkunft teilen kann. So spart man oft gleich die Hälfte des eigentlichen Betrages und das wirkt sich äußerst positiv auf die Reisekasse aus. Zudem lernt man dadurch meist nette Leute und eventuell sogar neue Weggefährten kennen.

- **Verpflegung**: Je länger man an einem Ort bleibt, umso besser lernt man die Umgebung kennen und somit die Shops, wo es die preiswertesten Lebensmittel gibt. Die Selbstverpflegung ist die günstigste Lösung und auch hier gibt es immense Unterschiede bei den Ausgaben. Mit Müsli oder Toast kommt man beim Frühstück relativ lange aus, anstatt jeden Morgen ein paar Euro im Café oder Restaurant zu lassen. Unterkünfte bieten oft kostenfreies Trinkwasser an, das man sich für einen Tagesausflug abfüllen kann.
- **Unterkünfte**: Es muss nicht immer gleich das meist teure Zentrum sein. Eine günstige Bleibe findet sich oft auch in einem Vorort, wenn er eine gute Verkehrsanbindung an die Stadt durch Bus oder Bahn bietet. Bei privaten Unterkünften über *AirBnb* oder *Couchsurfing* bekommt man nicht selten das Frühstück spontan gratis angeboten.
- **Geld**: Wenn man nicht all sein Bargeld für die Reise mitnehmen möchte (was auch nicht zu empfehlen wäre), lohnt sich eine kostenfreie Kreditkarte mit gleichzeitig kostenfreiem Konto.
- **Qualität**: Viele Reisende entwickeln im Laufe der Zeit ein zu extremes Sparverhalten, was aus meiner Sicht zu einer deutlichen Einbuße des Reisegenusses führt. Klar sollte man auf seine Ausgaben achten, aber wenn man dadurch auf Once-in-a-lifetime-Erlebnisse verzichtet oder kilometerweit zur Unterkunft zurückläuft, nur weil es dort kostenfreies Wasser gibt, anstatt im Supermarkt 50 Cent auszugeben, wirkt sich das stark auf die Reisequalität aus, und man lebt mental ständig im Mangel, was nicht empfehlenswert ist.

- **Trinkgeld**: Auch, wenn man nur wenig Geld zur Verfügung hat, sollte man in Entwicklungsländern nicht darauf verzichten, ein angemessenes Trinkgeld zu geben. Für viele Menschen, deren Dienste wir auf Reisen in Anspruch nehmen, ist dies überlebenswichtig. Darüber hinaus ist es auch ein Zeichen der Wertschätzung. Wo man wem am besten wie viel Trinkgeld gibt, kann man dem Reiseführer entnehmen oder in der Unterkunft in Erfahrung bringen.

In welchen Ländern kann man preisgünstig reisen?

Die besten Länder für preiswertes Reisen liegen oftmals glücklicherweise recht nah beieinander. Die zum Teil klassischen Backpacker-Ziele eignen sich sowohl in Bezug auf Sicherheit als auch für den kleinen Geldbeutel.

- **Südostasien**: Kambodscha, Laos, Vietnam, Thailand, Myanmar, Indonesien, Philippinen, Malaysia,
- **Asien**: Nepal, Indien, Sri Lanka,
- **Mittel- und Südamerika**: mit Einschränkungen am ehesten in Bolivien, Peru, Kuba, Mexiko, Ecuador, Nicaragua, Guatemala, Kolumbien,
- **Europa**: Ungarn, Polen, Tschechien, Rumänien, Bulgarien, Griechenland, Türkei,
- **Afrika und Orient**: Jordanien, Südafrika, Ghana, Marokko, Tunesien, Ägypten.

Unabhängig davon kann man eigentlich in allen Ländern sehr günstig oder eben überdurchschnittlich teuer reisen. Vieles hängt vom eigenen Geschick und den persönlichen Ansprüchen ab.

Was mache ich mit den laufenden Kosten zu Hause?

Wenn man eine eigene Wohnung hat, kann man diese für den Zeitraum der Reise möbliert untervermieten, wodurch sämtliche Kosten abgedeckt sein dürften: Miete, Nebenkosten, Telefon, Strom und GEZ. Wichtige und persönliche Sachen kann man meist bei Eltern oder Freunden deponieren. In der Regel muss man den Vermieter um Erlaubnis fragen, und sollte auf jeden Fall einen guten und detaillierten Vertrag mit dem Untermieter abschließen. Eventuell lohnt es sich, über diesen vor Vertragsabschluss eine Schufa-Auskunft einzuholen. Zudem empfiehlt sich eine Hausratversicherung; der Untermieter sollte eine Haftpflichtversicherung vorweisen können. Sicherheitshalber kann man einen Ersatz-Haustürschlüssel bei einer Vertrauensperson hinterlegen, damit sie im Fall eines Falles in die Wohnung gelangt. Post kann man während der Abwesenheit an eine andere Adresse weiterleiten lassen.

Eine Alternative bei einem langen Auslandsaufenthalt wäre die Wohnung zu kündigen und sich dann nach der Rückkehr eine neue zu suchen. In diesem Fall müsste die Einrichtung irgendwo untergebracht werden, zum Beispiel im Keller der Eltern oder in einer Lagerbox, die monatlich allerdings je nach Größe zwischen 80 und 100 Euro kosten kann. Des Weiteren müsste gewährleistet sein, dass es nach der Rückkehr von der Reise erst einmal eine vorübergehende Bleibe gibt, um sich dann auf die nicht immer ganz einfache Wohnungssuche zu begeben. Den Wohnsitz kann man vorübergehend auf die Adresse von Familienangehörigen anmelden. Verschiedene Versicherungen kannst du für einen bestimmten Zeitraum stilllegen. Hierzu gehören private Renten- oder Lebensversicherungen. Unfall-, Haftpflicht- oder Berufsunfähigkeitsversicherungen sollten auf jeden Fall beibehalten werden.

Wenn du gesetzlich krankenversichert bist, wirst du eine Auslandskrankenversicherung benötigen. Für kurze Reisen reicht eine einfache aus,
die etwa 10 bis 15 Euro pro Jahr kostet. Bei längeren Auslandsaufent-
halten ab sechs bis acht Wochen brauchst du unbedingt eine Lang-
zeitversicherung. Die meisten Reisenden empfehlen hierfür die *Hanse
Merkur* und berichten ausnahmslos über gute Erfahrungen. Solltest du
privat krankenversichert sein, musst du die Versicherung bei einer längeren Reise informieren, und meist steigen die monatlichen Gebühren
dadurch um einiges an. Dies kannst du reduzieren, indem du den jähr-
lichen Selbstbehalt erhöhst, wodurch die monatlichen Beiträge wiederum sinken. Alternativ kann man eine Anwartschaft auf die *PKV* (Verband
der Privaten Krankenversicherung) beantragen und eine Langzeit-Rei-
seversicherung abschließen. Zu dem Thema Versicherung solltest du
dich im Vorfeld umfassend beraten lassen.

Falls du ein Auto haben solltest, kannst du dieses vor deiner Reise beim
Straßenverkehrsamt abmelden. Sobald du zurück in Deutschland bist, ist
die Wiederanmeldung einfach und mit geringen Kosten verbunden. Versicherung und Steuer wird dir bei der Abmeldung automatisch zurück-
erstattet. Du solltest nur darauf achten, dass du dein Kfz-Kennzeichen
nach der Wiederanmeldung erneut nutzen kannst. Das ist möglich, wenn
du es bei der Abmeldung für den entsprechenden Zeitraum reservieren
lässt. Wenn du den Wagen während deiner Reise irgendwo unterstellen
möchtest, kann dies besonders in städtischen Bereichen recht teuer sein.
Unterstellmöglichkeiten auf dem Land kosten meist nur rund 20 Euro pro
Monat.

Offen bleiben für den Augenblick ...

- Eine gute Planung ist sinnvoll, vor allem im Hinblick auf dein Gepäck und die vorzubereitenden Maßnahmen. Bezüglich der Route und allem Weiteren, was unterwegs geschehen wird, sei dir der Tatsache bewusst, dass dich das Reisen verändern wird und damit auch deine Vorstellungen, Ziele, Wünsche und Vorlieben. Es kann also sein, dass du – einige Zeit unterwegs – plötzlich lieber ein ganz anderes Land besuchen möchtest als du es dir vorgestellt hattest. Nimm dir diese Freiheit und lass dich treiben. Du brauchst deine Weltreise daher nicht bis ins kleinste Detail durchzuplanen, sondern kannst für Überraschungen und spontane Entscheidungen offen bleiben.

- Viele Weltreisenden sind noch recht jung und möchten am liebsten alles auf einmal sehen, weil sie Angst davor haben, dass ihnen die Zeit davonläuft. Klar, man weiß nicht, ob man achtzig Jahre alt wird, aber aller Voraussicht nach wirst du noch viel Zeit zum Reisen haben. Nimm dir daher lieber weniger vor, tauche in ein Land ein, anstatt hindurchzujagen, nur um es von einer Bucket List abhaken zu können.

- Eine Weltreise wird immer einen besonderen Platz in deinen Gedanken und in deinem Herzen haben. Reisen mit sehr wenig Geld hat zwar auch seinen speziellen Reiz, allerdings habe ich oft festgestellt, dass es schade ist, wenn man sich etwas ganz Besonderes vor Ort nicht leisten kann. Daher – wenn es sich einrichten lässt – spare lieber etwas länger und leg dir einen etwas größeren Puffer zu, als jeden Tag jeden Cent umzudrehen und dir ständig über deine Ausgaben Gedanken zu machen. Dann ist nicht nur die Vorfreude größer, sondern auch die Reise komfortabler und angenehmer, weil du zum Beispiel mal in einer schönen Unterkunft übernachten oder in einem tollen Restaurant essen gehen kannst.

INDIVIDUELLE REISEGESTALTUNG

Hast du dich für den Reisezeitraum, das Ziel und den Inhalt der Reise entschieden? Dann kannst du die Details in Angriff nehmen.

Während dies bei einer Pauschalreise oder einem speziellen Programm
mit fixen Daten und Inhalten etwas einfacher ist, kann die Planung der individuellen Tour auf eigene Faust schon ein wenig anspruchsvoller sein.
Da die Vorgehensweise hierbei erfahrungsgemäß stark von den eigenen
Wünschen und Vorstellungen abhängt, möchte ich gleich ein paar Ratschläge mit Vor- und Nachteilen loswerden, damit du besser abwägen
kannst, welcher Weg für dich der beste ist.

Internet oder Reisebüro?

Gerade die Jüngeren unter uns werden heute nur noch selten eine Buchung im Reisebüro vornehmen, da das Internet eigentlich alles anbietet. Dennoch können eine persönliche Beratung und die im Reisebüro
ausliegenden Rundreise-Kataloge der Reiseveranstalter manchmal ganz
interessant sein, da sie eine gute Inspirationsquelle darstellen. An die
Routenbeschreibung einer angebotenen Tour kann man seine eigene Reise ganz gut individuell anpassen – so habe ich jedenfalls meine
Planung damals mit wenig Wissen über Länder und Sightseeing-Spots
begonnen.

Vorteile des Reisebüros: Umfassende Beratung, gute Betreuung, Zusammenstellung von Paketen, Stopover- und Gabelflügen, individuelle Tipps
und Hinweise, zum Teil bessere Umbuchungs- und Reservierungs-Mög-
lichkeiten, manchmal sehr günstige Last-Minute-Angebote.

Nachteile des Reisebüros: Wahrscheinlich und verständlicherweise etwas teurer, selten geeignet für Backpacker, sofern das Reisebüro nicht darauf spezialisiert sein sollte. Viele werden daher eher zur Internet-Buchung tendieren. Genaueres erfährst du im nächsten Kapitel.

Wie reise ich möglichst sicher?

Manchmal ist es gar nicht so einfach herauszufinden, ob ein Land nun wirklich sicher ist oder nicht. Sobald man zum Beispiel im Internet allein die Seiten des Auswärtigen Amtes zum bevorzugten Reiseland besucht, müsste man im Anschluss daran eigentlich sämtliche Pläne über den Haufen werfen. Die Warnungen darin beschreiben fast alle Worst-Case-Szenarien, die man sich nur vorstellen kann. Aber gilt das auch für die eigene Reise? Im Reiseführer liest man dann wiederum nichts dergleichen, und auch in Foren oder Facebook-Gruppen wird bei den vorgetragenen Zweifeln Entwarnung gegeben. Aber wem soll man nun glauben, und welche Gefahren bestehen überhaupt?

Eine Garantie gibt es leider nie und nirgends. Von daher bilde ich in Bezug auf diese Frage immer einen gemeinsamen Nenner aus verschiedenen Informationen: Auswärtiges Amt, Reiseführer und Meinungen von Reisenden, die dort gewesen sind.

Zudem kannst du sowohl bei der Planung als auch vor Ort selbst viel zu einer sicheren Reise beitragen. Hierzu zählen insbesondere möglichst sichere Unterkünfte. Als Alleinreise-Anfängerin solltest du zum Beispiel lieber kein *Couchsurfing*- oder *AirBnb*-Zimmer bei einem männlichen Gastgeber in Anspruch nehmen. Benutze die im Land als sicher geltenden Verkehrsmittel, trage dem Land angepasste Kleidung und bewege dich nach Sonnenuntergang möglichst nicht allein auf abgelegenen Straßen. Generell möchte ich dir empfehlen, auf dein Gefühl zu hören. Wenn du Angst vor einem bestimmten Land haben solltest, wähle lieber ein anderes. Es bringt nichts, wenn du dich unterwegs nicht wohlfühlst und ängstlich bist, denn die Reise soll ja Freude machen. Alternativ könntest du dich als Kompromiss einer Reisegruppe anschließen – bekanntlich gibt es immer einen Weg.

Im Voraus planen oder spontan entscheiden?

Hier gehen die Meinungen und Geschmäcker vieler Reisender auseinander. Meiner Meinung nach gibt es kein Besser oder Schlechter – am besten entscheidet man das nach Lust und Laune. Bei meinen ersten Alleinreisen habe ich zum Beispiel die komplette Rundreise mit allen Unterkünften und Touren im Voraus gebucht. Inzwischen entscheide ich das meiste von heute auf morgen.

Vorteil der Vorausplanung: Du lernst bereits bei der Recherche viel über das Land: Geografie, die Einwohner, die Kultur und die schönsten Plätze. Dadurch kannst du dich gleich besser mit dem Reiseziel identifizieren, wenn du dort bist. Zudem verleiht es dir mehr Sicherheit, wenn du dich mit den verschiedenen Gegebenheiten schon vertraut gemacht hast. Ein weiterer großer Bonus ist, dass du während der Reise keine wertvolle Zeit mit der Suche nach neuen Unterkünften oder der Planung der Weiterreise vergeudest.

Nachteil der Vorausplanung: Wenn du vor der Reise alles bis ins kleinste Detail durchorganisierst, bleibt wenig Flexibilität. Sollte es dir zum Beispiel an einem Ort richtig gut gefallen, kannst du nicht einfach länger dort bleiben. Bist du dagegen weniger zufrieden, ist es schwierig, die Richtung zu ändern oder zum nächsten Ziel weiterzureisen.

Vorteil spontaner Entscheidungen: Bei längeren Reisen empfehlenswert. Du kannst die Richtung ständig selbst bestimmen und brauchst dich nicht sonderlich vorzubereiten. Wenn du unterwegs nette Leute kennenlernst, kannst du spontan mit ihnen weiterreisen. Oder vielleicht möchtest du einfach gern länger an einem besonders schönen Ort bleiben – alles ist möglich.

Nachteil spontaner Entscheidungen: Gerade bei kürzeren Reisen verbringt man unterwegs viele wertvolle Stunden am Laptop oder Smartphone, um die Weiterreise und Unterkünfte zu buchen. Kurzfristige Hotel- oder Tour-Buchungen sind in der Hauptsaison manchmal nicht möglich oder zu teuer, und Alternativen können unzufriedenstellend sein.

Die goldene Mitte

- Je kürzer die Reise, umso mehr lohnt es sich im Vorfeld zu planen, um vor Ort möglichst viel sehen zu können und nicht unter Stress zu geraten, weil währenddessen weitere Schritte gebucht werden müssen. Auch für Alleinreise-Anfängerinnen ist diese Vorgehensweise sinnvoll, da sie mehr gefühlte Sicherheit verleiht.
- Je länger die Reise, desto weniger empfiehlt sich eine Vorausplanung. Hier bietet es sich an, sich über den Rahmen der gesamten Reise Gedanken zu machen und dann die ersten ein bis drei Wochen locker zu planen. Während der Reise können sich Ansichten, Wünsche und Vorstellungen verändern, und meiner Meinung nach macht es Sinn, dem nachzugehen und nicht stur den ursprünglichen Zielen zu folgen.

Wie finde ich die richtige Route?

Die besten Ideen bekommst du über Inspiration. Wenn du möglichst viel im Voraus buchen möchtest, wirst du einiges an Input brauchen und da gibt es unzählige Ressourcen: Viele Reiseführer schlagen Routen im Reiseland deiner Wahl vor. Alternativ kannst du nach Rundreise-Angeboten googeln und schauen, ob da eine passende Route dabei ist, die dich anspricht. Diese kannst du dann wiederum deinen Bedürfnissen anpassen und die einzelnen Spots auf eigene Faust erkunden. Alternativ bieten sich weitere Quellen wie Blogartikel an. Hierbei kann dir beispielsweise die App von Pinterest sehr behilflich sein. Du gibst in der Suchoption dein gewünschtes Reiseland ein und kannst dir eine Vielzahl deutscher und englischer Artikel und Fotos anschauen. Im Kapitel *Reiserouten und -ziele* findest du außerdem eine Auswahl verschiedenster Routenvorschläge.

Wie bestimme ich mein Reisetempo?

Wenn man das zukünftige Reiseland nicht kennt, kann man oft nur schwer beurteilen, wie man sich vor Ort fühlen wird. Manchmal würde man gern weiterreisen, weil etwa die Stadt nicht so ansprechend ist wie gedacht, und ein anderes Mal doch länger als geplant an einem Ort oder in einer Region bleiben. Ich habe zu Beginn einer Reise oft ein Gefühl des »Fremdelns« im Reiseland und brauche meist einige Tage, bis ich mich wohlfühle und richtig loslegen möchte. Daher buche ich bei einer Rundreise meist die ersten Nächte in einer Unterkunft im Voraus, um mich erst mal einzugewöhnen und dann entspannt weiterreisen zu können.

Als guten Rhythmus habe ich auf Rundreisen jeweils drei Tage beziehungsweise zwei Nächte an einem Ort empfunden, wenn ich zwei

bis drei Wochen unterwegs war. Das reicht für einen ganz guten Einblick und ist nicht zu lang, falls es dort wider Erwarten nicht so angenehm sein sollte wie ursprünglich angenommen. Auf längeren Reisen
kann man die Aufenthalte ausdehnen und freier entscheiden, da es
dann meist nicht auf den einzelnen Tag ankommt. Mein Reisetempo ist
im Lauf der Jahre immer langsamer geworden, denn bei einem Kurztrip bekommt man meist nur einen sehr oberflächlichen Eindruck von
einem Ort, obwohl es möglicherweise viel mehr zu entdecken gäbe.
Manchmal gefällt es einem dort auch nur deshalb nicht so gut, weil man
zufällig an den falschen Stellen war. Daher lohnt es sich fast immer, etwas länger zu bleiben und einzutauchen. Diese Erlebnisse bleiben meiner Erfahrung nach stärker im Gedächtnis als lediglich die oberflächli-
che Durchreise.

VERKEHRSMITTEL UND UNTERKÜNFTE

Wenn du dich für ein Ziel entschieden hast und die Reisezeit dazu passt,
kannst du dich mit dem geeigneten Verkehrsmittel und der Wahl der Unterkunft beschäftigen Besonders bei den Preisen gibt es zum Teil erheb-
liche Unterschiede, weshalb es sich lohnt, in die Recherche etwas mehr
Zeit zu investieren, als sich gleich auf das erstbeste Angebot einzuschie-
ßen. Psychologen haben übrigens herausgefunden, dass die Vorfreude
schon einen Großteil der Glücksgefühle der gesamten Reise ausmachen
kann. Je schönere Unterkünfte du etwa durch eine etwas intensivere Suche findest, desto mehr kannst du dich darauf freuen, und umso besser
werden natürlich auch die Erlebnisse unterwegs.

Hinsichtlich deines Reisezeitpunktes solltest du beachten, dass man in der Hauptsaison und Schulferienzeit mit deutlich höheren Preisen bei Flügen und Unterkünften rechnen muss. Zudem kann es vorkommen, dass vieles bereits ausgebucht ist. Wenn du daher die Möglichkeit hast, außerhalb dieser Zeiten zu reisen, kannst du zum Teil deutlich günstigere Preise und sogar Schnäppchen buchen. Ich versuche zum Beispiel immer in der Nebensaison zu verreisen, weil ich je nach Reiseziel so nicht in den Touristenmengen untergehe, weniger Geld ausgebe und durch das Mehr an Flexibilität die Unterkünfte oder Touren spontaner buchen kann.

Womit komme ich ans Ziel?

Nachstehend möchte ich dir Tipps geben, was es bei den verschiedenen Verkehrsmitteln zu beachten gilt. Aufgrund der Vielzahl der Angebote und zahlreicher Unterschiede in den Reiseländern empfiehlt es sich zudem, vor der Reise aktuelle Informationen zu recherchieren, etwa in Reiseführern oder beim Auswärtigen Amt.

Flugzeug: Für die meisten Länder außerhalb Europas brauchst du deinen Reisepass, der noch mindestens sechs Monate über die Reise hinaus gültig sein muss. Mit dem deutschen Reisepass haben wir den riesigen Vorteil, im Vergleich zu allen anderen Nationen der Welt, für die wenigsten Länder ein Visum zu benötigen. Bevor du den Flug buchst, solltest du dich daher also am besten auf der Internetseite des Auswärtigen Amtes erkundigen, ob du ein Visum brauchst und wenn ja, ob du es bis Reiseantritt noch bekommen kannst.

Wenn du einen City-Trip planen solltest, bei dem du in ausschließlich einer Stadt bleiben wirst, brauchst du nur deine Daten bei den größeren

Flugreise-Portalen eingeben und schauen, welche passenden Flüge dort angeboten werden. Es empfiehlt sich, auch bei den Airlines selbst vorbei-zuschauen. Achte hier auf das Kleingedruckte beziehungsweise die Infor-mationen vor Abschluss der Buchung. Manchmal wirkt ein Preis extrem günstig, weil zum Beispiel nur Handgepäck inkludiert ist und das Gepäck zur Aufgabe am Schalter extra bezahlt werden muss.

Wenn du eine Reise durch ein oder mehrere Länder oder auf verschie-denen Inseln planen solltest, lohnt sich die Suche nach sogenannten Ga-belflügen. Das bedeutet, dass du an einem Ort landest und von einem anderen zurückfliegst. Auf diese Weise musst du nicht zum Ursprung zu-rückkehren, sondern kannst dir eine Strecke nach deinen Wünschen zu-rechtlegen. Diese Vorgehensweise macht auch Sinn, wenn ein Land lang und schmal ist. Gabel-Flugkombis sind manchmal etwas teurer, allerdings in der Summe wiederum günstiger, weil man schließlich nicht den Weg zurück zum Start der Reise mit einrechnen muss.

Je nach Reiseziel rentiert sich manchmal auch ein längerer Stopovers. Damit ist eine Zwischenlandung und ein mindestens 24-stündiger Auf-enthalt in einer Stadt gemeint. Die bekanntesten Städte, die zum Beispiel bei Langstreckenflügen nach Australien, Neuseeland oder in verschiede-ne Länder Asiens angeflogen werden, sind Bangkok, Singapur, Hongkong und Dubai. Hier kann man je nach Vorgabe des Landes einen oder gleich mehrere Tage in einer Metropole verbringen, ohne Mehrkosten beim Flugpreis in Kauf nehmen zu müssen. Gerade bei sehr langen Flugstre-cken lässt sich die Zeit durch die Abwechslung etwas besser verteilen und auch verkraften. Falls der Stopover nicht über ein Onlineportal buchbar ist, lässt sich dies oftmals besser persönlich am Telefon mit dem Anbieter oder der Airline klären.

Wenn eine längere Reise mit teilweise unbekannter Route vor dir liegt und du nur ein One-Way-Ticket für deine Hinreise buchen möchtest, solltest du dich vorher sicherheitshalber erkundigen, ob das Land bei der Einreise gleich einen Ausreisenachweis von dir verlangt. In diesem Fall müsstest du entweder ein anderes Ziel wählen, eine günstige Weiterreise aus dem Land buchen, die du bei der Ankunft vorzeigen und zur Not verfallen lassen kannst, oder ein Weiterflugticket, ein sogenanntes Onward-Ticket, buchen (zum Beispiel bei *bestonwardticket.com*). Einzeltickets sind oft teurer als die für Hin- und Rückflug, weshalb es manchmal sinnvoll sein kann, ein umbuchbares Rückflugticket mit zu kaufen. Dafür gibt es leider kein Patentrezept, sondern muss ganz individuell geplant und berechnet werden.

Für Weltreisende gibt es zudem die Möglichkeit eines Round-the-World-Tickets. Es gilt in der Regel für ein Jahr und wird von verschiedenen Allianzen angeboten; je mehr Fluggesellschaften Teilnehmer einer Allianz sind, umso größer das Streckennetz. Ein RTW-Ticket gibt es in vielen Tarifklassen und ist mit diversen und allesamt unterschiedlichen Voraussetzungen und Regeln verbunden, mit denen du dich im Vorfeld ausgiebig beschäftigen solltest. Es muss nicht immer günstiger als die Einzelbuchung der Tickets sein, weshalb man die Entscheidung nur individuell treffen kann.

Mein Tipp: Gerade bei kurzen Distanzen zum Reiseziel oder innerhalb eines Landes macht es Sinn, über Alternativen zum Flugzeug nachzudenken: Zug, *Interrail*, Fernbus, Mitfahrgelegenheit oder Auto. Das schont die Umwelt und du bekommst meist auch mehr vom Land zu sehen.
Zug: In den meisten Fällen gilt hier das »Je früher ich buche, desto günstiger wird es«-Prinzip. Du kannst zwischen günstigen Spartickets (die

nicht umbuchbar sind und nur teilweise oder gar nicht erstattet werden können) und voll bezahlten Flex-Tickets mit besseren Umbuchungs- und Erstattungsmöglichkeiten wählen. Wenn du häufiger mit dem Zug unterwegs bist: Die BahnCard 25 lohnt sich ab Ausgaben für Fahrten innerhalb Deutschlands ab etwa 250 Euro im Jahr, die BahnCard 50 ab 500 Euro. Die Tickets der Deutschen Bahn kann man übrigens nicht nur auf der bahneigenen Internetseite buchen, sondern manchmal auch in verschiedenen Reiseportalen zu günstigeren Preisen.

Manche Buchungsportale oder Airlines bieten auch einen »Zug zum Flug« zu einer günstigen Pauschalgebühr oder kostenfrei an (inklusive städtischer Weitertransporte), was auch den Vorteil hat, dass bei Verspätungen des Rückfluges das Zugticket nicht verfällt. Buchst du dagegen bei der Deutschen Bahn im Vorfeld ein Sparticket und verpasst den Zug, müsstest du ein neues Bahnticket zum vollen Preis kaufen. Für Ziele in Europa bieten sich internationale Zugpässe an. Mit dem Interrail-Ticket etwa kann man bis zu dreißig Länder Europas innerhalb eines bestimmten Zeitraumes bereisen, dem *Swiss Travel Pass* die Schweiz und mit dem *BritRail Pass* England, Wales und Schottland. Wer ein *Interrail*-Ticket besitzt, kann europäische Fähren kostenlos oder ermäßigt nutzen. Der *Griechische Inseln Pass*, ebenfalls von *Interrail*, gilt für die Fähren zwischen Italien und Griechenland sowie zwischen den griechischen Inseln.

Die Preise und Pässe variieren zum Teil nach Alter, Streckenauswahl und Reisedauer, weshalb ich hier zu einer persönlichen Beratung beim Anbieter rate. Beachte, dass dem Ticketpreis oftmals noch Reservierungsgebühren für den Sitzplatz von jeweils ein paar Euro hinzugerechnet werden.

Bus: Das Reisen mit dem Fernbus ist oft ein vergleichsweise sehr günstiges Verkehrsmittel. Mit dem Fernbus kannst du problemlos ein Wochenende in einer europäischen Großstadt planen. Die besten Preise findest du zum Beispiel bei busliniensuche.de, fernbusse.de oder fernbus24.de. Auch bei der Verbindung verschiedener Länder kannst du europa- und weltweit sehr einfach und meist preiswert auf den Bus zurückgreifen, wenn es etwa keine Zugstrecke geben sollte.

Eigenes Auto oder Wohnmobil: Personalausweis und Führerschein solltest du immer dabei haben, und diese auch sicherheitshalber eingescannt oder als Kopie für den Fall eines Verlustes mitführen. Benötigen wirst du beides in den meisten Ländern wahrscheinlich nicht, da in Europa viele Grenzen keine Ausweiskontrollen durchführen. Da jedes Land andere Vorgaben an die Autofahrer hat, empfehle ich grundsätzlich, die Regeln im Vorfeld zu recherchieren. In manchen Ländern muss man zum Beispiel auch tagsüber das Licht während der Fahrt einschalten oder kurz vor der Einreise eine Plakette an der Tankstelle kaufen und an der Windschutzscheibe befestigen. In anderen Ländern wiederum fallen bei der Nutzung von Autobahnen Mautgebühren an (zahlbar mit Bargeld, EC- oder Kreditkarte). Die Grüne Versicherungskarte wird innerhalb der EU meist nicht benötigt, aber es schadet nicht sie mitzunehmen. Man kann sie kostenlos bei der Kfz-Versicherung anfordern; sie ist drei Jahre lang gültig. Des Weiteren empfehle ich die Mitgliedschaft in einem Automobilklub für eventuelle Pannen und/oder auch einen Schutzbrief, der für einen meist geringen Betrag im Kfz-Versicherungsvertrag integrierbar ist.

Mietwagen: Meistens lohnt sich das frühe Buchen und zudem Abwägen, wie lange man den Wagen tatsächlich brauchen wird und auf welcher Strecke er am meisten Sinn machen würde. Die Angebotspreise können stark variieren; hier gilt es auf die Details zu achten: Manche Extras müssen extra bezahlt werden oder der Vertrag beinhaltet eine Kilometerbegrenzung, die im Nachhinein zu einer hohen Nachzahlung führen kann. Auch solltest du auf eine möglichst geringe Selbstbeteiligung bei Kaskoschäden achten. Wenn du den Wagen entgegennimmst, wird meist ein Protokoll über vorhandene Mängel des Mietwagens erstellt. Gemeinsam mit dem Sachbearbeiter der Agentur sollten alle, auch kleinsten vorhandenen Mängel notiert und das Auto von allen Seiten fotografiert werden, um bei eventuellen Ansprüchen einen Beweis vorlegen zu können. Sicher ist sicher. Frage auch nach, ob du den Wagen vollgetankt zurückgeben musst. Übrigens muss man in der Regel zum Mieten eines Autos für die Kaution eine Kreditkarte vorweisen können.

Roller: Hört sich gefährlicher an als es ist, wenn man an die chaotischen Straßenverhältnisse in manchen Ländern denkt. Vielleicht startest du mit dieser Erfahrung daher am besten in einer eher kleineren Stadt oder auf einer Insel mit weniger Verkehr. Für das Anmieten benötigst du je nach Reiseland einen internationalen Führerschein; an mancher Stelle wirst du wiederum nur gefragt, ob du schon mal auf einem Roller gesessen hast. Schaue am besten im Reiseführer nach einem empfehlenswerten Verleiher, frage in deiner Unterkunft nach und lies dir Bewertungen im Internet durch. Bei der Übernahme des Rollers ist es ähnlich wie bei einem Mietwagen: Es empfiehlt sich alle Schäden und Kratzer vorher schriftlich gegenzeichnen zu lassen und mit Fotos zu dokumentieren. Als Kaution wird oft der Reisepass oder Personalausweis verlangt. Bargeld solltest du besser nicht als Kaution hinterlegen, denn das könntest du im Falle eines Falles nicht zurückbekommen. Biete sie lieber über deine Kreditkarte an, denn den Betrag könntest du theoretisch über dein Kreditkarteninstitut zurückfordern. Ansonsten gilt nur: Nicht schneller fahren, als dein Schutzengel fliegen kann!

Fähre: Die Personenfähre kann man entweder online buchen oder direkt ohne vorherige Reservierung am Schalter vor Ort. Anders ist es bei der Nutzung mit dem Auto. Frühes Buchen auf Onlineportalen oder direkt beim Anbieter gewährleistet günstigere Preise und macht besonders in den Schulferienzeiten Sinn, da die freien Plätze schnell belegt sind. Längere Überfahrten sind oftmals mit einer Übernachtung in einer Kabine verbunden.

Die passende Unterkunft

Hotel, Hostel: Hier lohnt sich die Recherche bei verschiedenen Onlineportalen. In manchen Fällen bietet die Unterkunft auf der eigenen Internetseite günstigere Preise an. Bei der Suche lege ich am meisten Wert auf die Lage und die Bewertungen bisheriger Gäste. Hier kommen oft wichtige Mängel ans Licht, wie zum Beispiel kein Internet im Zimmer, unbequeme Betten, dürftiges Frühstück oder Ähnliches. Bei der Lage ist mir wichtig zu erfahren, ob sich öffentliche Verkehrsmittel in der Nähe befinden oder ob es zum Beispiel eine außergewöhnliche Lage mit besonderem Blick auf eine Sehenswürdigkeit oder Landschaft hat. Wenn man bei einer Unterkunft in manchen Punkten nicht sicher ist, kann man sich auf alternativen Plattformen wie *TripAdvisor* oder Google die Bewertungen anschauen. Soll die Unterkunft sehr günstig sein, bietet sich am ehesten ein Bett in einem Schlafsaal an. Die sogenannten Dorms in Hostels und Jugendherbergen sind gemischte oder nach Frauen und Männern getrennte Mehrbettzimmer, die in der Regel ein Gemeinschaftsbad auf dem Gang haben. Die Anzahl der Betten je Zimmer kann zwischen 4 bis 16 variieren.

AirBnb: Eine schöne Alternative zum klassischen Hotel. Auf dem Portal bieten private Anbieter ihre gesamte Wohnung oder nur ein Zimmer für die Übernachtung an. Diese Übernachtungsvariante hat Vor- und Nachteile. Super: In einem Zimmer ist man nicht allein in einer fremden Wohnung und wird vom Gastgeber meist noch mit zahlreichen Tipps und Ratschlägen versorgt. Zudem ist diese Art zu wohnen etwas authentischer und man fühlt sich gleich heimischer als in einem anonymen Hotelzimmer. Preislich kann man hierbei auf jeden Fall ganz gute Schnäppchen machen. Besonders bei längeren Aufenthalten ab einer Woche gibt es teilweise sehr gute Rabatte. Nachteilig kann sein, dass die Wohnung anders ist als beschrieben und man in der Regel keinen Service wie Frühstück oder andere Annehmlichkeiten erwarten darf.

Couchsurfing: Da Couchsurfing kostenlos ist, ist dies definitiv die günstigste Art zu reisen und zudem eine sehr kontaktfreudige Variante, da du bei jemandem zu Hause wohnst und, zumindest teilweise, an dessen Alltag teilnehmen wirst. In der großen Community kannst du nach einer »Couch« oder bestenfalls nach einem Bett an deinem gewünschten Zielort Ausschau halten. Hier zählt in erster Linie das gegenseitige Vertrauen. Besonders Reiseanfängerinnen möchte ich empfehlen, sich ausschließlich an weibliche Gastgeber zu wenden. Es gibt immer mal wieder Vorfälle, in denen Frauen bedrängt oder in seltenen Fällen vergewaltigt wurden. Deshalb sollte man hier nicht einfach blauäugig buchen, sondern sich die Profile ganz genau anschauen. Ein weiterer Nachteil ist, dass es möglicherweise nicht das eigene Zimmer mit eigenem Wohnungsschlüssel sein wird, sondern man sich den Vorgaben der Gastgeber anzupassen hat. Insgesamt ist das einfach Geschmackssache: Die einen mögen es und andere wiederum geben lieber etwas Geld aus und bevorzugen ihre Privatsphäre.

Camping: Wer Stell- und Campingplätze nutzt, wird in der Hochsaison und Schulferienzeit möglicherweise vorher einen Platz für das Wohnmobil reservieren müssen. Im vergleichsweise touristisch nicht so überlaufenen Nordeuropa kann man im Sommer wesentlich einfacher und flexibler campen als in den Gebieten mit Sonnengarantie. Gerade die Plätze in Strandnähe sind in den Sommerferien heiß begehrt, da lohnt sich die Vorausbuchung einige Tage zuvor. Allerdings sollte man bedenken, dass dort viele Kinder mit entsprechender Lautstärke herumtoben, wonach einem selbst vielleicht nicht gerade ist. Weitere Details dazu gibt es in Kapitel *Roadtrips durch Europa*.

Ferienwohnung: Man kann sie sowohl über bestimmte Portale als auch über *AirBnb* buchen. Zudem verfügen verschiedene Hotelsuchmaschinen über die Möglichkeit, nach Ferienwohnungen oder alternativ Hotelapartments mit Kochgelegenheit zu suchen. Diese Variante des Reisens ist besonders geeignet für diejenigen, die gern für eine Weile abschalten möchten. Unter Umständen kann dies auch preislich attraktiv sein, denn hier gibt es teilweise sehr günstige Angebote in der Nebensaison, und zudem lässt sich als Selbstversorgerin eine Menge Geld sparen.

Inlandtransfers

Vom Flughafen oder Bahnhof zur Unterkunft: Besonders Alleinreise-Anfängerinnen empfehle ich nicht nur, eine möglichst sichere Unterkunft für die ersten Nächte im Reiseland im Voraus zu buchen, sondern auch auf sicherem Weg vom Flughafen oder Bahnhof zur Unterkunft zu fahren. Gerade bei einer Ankunft am späten Abend oder nachts ist das von großer Wichtigkeit. Manchmal lohnt die vorherige Nachfrage beim Hotel, welches der beste Weg ist. Wähle hier immer ein möglichst im Reiseland als sicher geltendes Verkehrsmittel, auch, wenn es wesentlich teurer sein sollte. Deine Sicherheit muss immer Priorität haben! Geld ist am Ende nur reproduzierbares Papier, dein Leben und deine Gesundheit nicht. Welche Taxis sicher sind, kannst du am Infostand eines Flughafens oder Bahnhofs herausfinden. Mir ist es schon häufiger passiert, dass das Hotel mir eine Abholung zugesichert hat, die dann aber doch nicht erfolgt ist. Für diesen Fall solltest du dich daher am besten im Vorfeld nach einem Plan B erkundigen.

Von Ort zu Ort: In meinen Anfängen habe ich mir für meine Rundreisen immer einen *Lonely-Planet*-Reiseführer besorgt, weil er bei fast jedem Ort unter »Getting there and away« alle Verbindungen aufführt mit den entsprechenden möglichen Verkehrsmitteln. Heute google ich das meist einfach und entscheide dann, was die beste Alternative ist, von A nach B zu kommen. Häufig bekommt man auch in der Unterkunft gute Tipps für die Weiterreise, zum Beispiel in Bezug auf einen Fahrer oder eine Tour. Grundsätzlich empfehle ich bei kürzeren Reisen, sich vor der Reise über die Möglichkeiten der Verkehrsmittel und deren Sicherheit ein Bild zu machen. Sollte dies unproblematisch sein, kann man das meiste vor Ort entscheiden.

Touren in der Gruppe

Wenn man allein unterwegs ist, können sowohl Ausflüge als auch mehrtägige Trips in Gemeinschaft unterwegs sehr erfrischend und wohltuend sein. Man lernt Gleichgesinnte kennen und erlebt meist sehr schöne Dinge zusammen. Manchmal verbinden einen tiefere oder besonders aufregende Erlebnisse, selbst bei einer nur kurzen Reise derart stark miteinander, dass man mit diesen Menschen über viele Jahre hinweg immer noch Kontakt behält. Das halte ich für eine unbezahlbare und zudem außergewöhnliche Erfahrung. Ein weiterer angenehmer Faktor ist natürlich der finanzielle, denn eine Tour mit mehreren Personen kostet weitaus weniger als eine Tour allein mit Guide. Meine erste Rundreise durch Südamerika habe ich zum Beispiel in drei unterschiedliche Gruppentouren von je vier bis sechs Tagen unterteilt, was sich als gute Wahl herausstellte. Ich war zwischendurch tageweise allein auf mich gestellt und hatte außerdem nicht das Risiko, über ganze drei Wochen an eine einzige Gruppe gefesselt zu sein, deren Mitglieder im ungünstigsten Fall nicht meinen Vorstellungen entsprochen hätten. Ob du die Tour besser im Voraus oder vor Ort buchst, hängt in erster Linie von der Reisezeit ab. Während der Hauptsaison solltest du dich sicherheitshalber vorab darum kümmern, ansonsten reicht eine kurzfristige Planung vor Ort.

REISEUNTERLAGEN UND VORSORGE

Je mehr du im Voraus planst und organisierst, umso besser, entspannter und sicherer wirst du dich unterwegs im Reiseland fühlen. In der folgenden Übersicht findest du nützliche Infos über notwendige Reisedokumente, medizinische Versorgung, Auslandswährung, zuverlässige Sicherheitstools und Versicherungen. Gut vorbereitet steht deiner Reise nichts mehr im Weg!

Reisepass

Innerhalb der europäischen Union kannst du mit deinem regulären Personalausweis reisen. In allen weiteren Ländern ist der Reisepass mit dem weinroten Umschlag erforderlich. Solltest du einen neuen benötigen, musst du etwa zwei Wochen Bearbeitungszeit einkalkulieren. Es gibt auch Expressverfahren gegen eine zusätzliche Gebühr; das kannst du bei deiner Stadtverwaltung erfragen.

Visum

Bei einer Reise mit dem deutschen Reisepass hat man den riesigen Vorteil, in mehr als 170 Länder ohne Visum einreisen zu können. Bei manchen Ländern wirst du im Vorfeld ein Visum beantragen müssen, wozu Australien, China, Russland, Indien, Kambodscha, Myanmar, Kenia, Ägypten und verschiedene andere Länder gehören. Mittlerweile kann man das entsprechende Visum bei einigen Botschaften einfach online beantragen oder bei der Einreise vor Ort (Visum on Arrival genannt) erhalten. Bei Ländern wie Kanada oder USA muss man vorher eine elektronische Einreisegenehmigung einholen, China und Russland verlangen die Vorlage einer Einladung, für Kuba braucht man eine Touristenkarte. Lies am besten im Reiseführer oder beim Auswärtigen Amt rechtzeitig nach, ob und welche Vorkehrungen getroffen werden müssen. Achtung: Mancher Visumsantrag muss schriftlich per Post beantragt werden und das kann teilweise bis zu vier Wochen dauern.

Führerschein

Für den eigenen und den Mietwagen oder das Wohnmobil gilt: Innerhalb der EU wird man gelegentlich bei Grenzkontrollen oder Fährfahrten Führerschein und Personalausweis beziehungsweise Reisepass vorlegen müssen. Außerhalb der EU wird höchstwahrscheinlich auch der internationale Führerschein verlangt, den man bei der Stadtverwaltung oder im Straßenverkehrsamt seines Wohnorts für circa 16 Euro beantragen kann. Die Ausstellung kann kurzfristig im Bürgeramt des Wohnortes erfolgen. Achtung: Neben dem internationalen Führerschein muss der nationale immer mitgeführt werden. Übrigens lohnt sich zumindest beim eigenen Auto auch die Mitgliedschaft in einem Pannendienst wie ADAC oder AVD, der auch im europäischen Ausland Hilfe leistet.

Geld und Währungen

Viele sind sich unsicher, wie viel Bargeld sie mitnehmen sollen. Wechselt man lieber schon in Deutschland Geld in die Fremdwährung des Reiselandes oder macht man das besser erst vor Ort? Ich möchte dir hier meine persönliche Handhabung vorstellen und warum sie auf diese Weise so gut funktioniert. Zunächst einmal habe ich unterwegs grundsätzlich immer 50 Euro Bargeld im Portemonnaie für alle Fälle. Ansonsten nutze ich ausschließlich meine Kreditkarte für Bargeldabhebungen in der entsprechenden Landeswährung; entweder gleich am Flughafen bei der Ankunft oder in der Nähe meiner Unterkunft. Ich wechsle also nie Geld vorab, weil es an den Zielflughäfen in der Regel entsprechende Möglichkeiten gibt. Bahn- oder Zugtickets für die Weiterreise sind dort meist auch mit der Karte zahlbar, weshalb dies ebenfalls recht einfach ist.

Es gibt preislich attraktive Kreditkarten, zum Beispiel von der *DKB* oder der *Comdirect*-Bank, mit denen man teilweise kostenfrei im Ausland Geld abheben kann, und die zusätzlich noch mit einem kostenfreien Konto verbunden sind. Die Mindestabhebung im Ausland beträgt meist 50 Euro im Umrechnungskurs. Manchmal stehen bei diesen Transaktionen zusätzlich Auslandsgebühren an, weshalb man am besten im Vorfeld abschätzen sollte, wie viel Geld der Währung man ungefähr benötigen wird. Ebenfalls lässt man sich am besten vor der Reise das Auslandslimit der Kreditkarte bestätigen, das in der Regel 1000 Euro pro Monat beträgt. Man kann dieses Limit auch reduzieren, um die Gefahr einer missbräuchlichen Abhebung hoher Summen bei Verlust oder Diebstahl möglichst gering zu halten. Sollte man während der Reise mehr als das vereinbarte Kartenlimit benötigen, reicht in der Regel die Einzahlung des entsprechenden Betrages auf das Kreditkartenkonto aus, ohne die Bank extra kontaktieren zu müssen.

Optional gibt es noch die Möglichkeit der Mitnahme einer weiteren, zweiten Kreditkarte. Ich nutze zum Beispiel die Miles-and-More-Kreditkarte mit Businesspaket aus mehreren Gründen: Es gibt ein Online-Controlcenter, mit dem ich jederzeit ein oder mehrere Reiseländer explizit freischalten kann, wenn ich dort unterwegs bin. Ansonsten sind alle Länder generell für Abhebungen gesperrt. Des Weiteren werden mir Abhebungen stets wenige Sekunden später per SMS übermittelt, wodurch ich die Kontrolle habe, ob die Zahlung korrekt und durch mich erfolgt ist. Darüber hinaus ist in der Kreditkarte ein Versicherungspaket enthalten mit einer Reiserücktritts- und Reiseabbruchversicherung, einer Auslandsreiseversicherung sowie (je nach Karte) einer Mietwagen-Vollkaskoversicherung. Wichtig ist nur, dass man die Reise beziehungsweise die Unterkunft oder den Mietwagen über die Karte bezahlt. Zu guter Letzt ist ein angenehmer, jedoch weniger wichtiger Aspekt dieser Karte das Sammeln von Meilen bei allen Ausgaben über die Karte, die man später für Freiflüge oder Upgrades verwenden kann.

Impfungen und Medikamente

Impfungen können Nebenwirkungen haben, weshalb man individuell abwägen sollte, ob sie wirklich notwendig sind. Daher lohnt sich im Vorfeld (circa vier bis sechs Wochen vorher) sowohl die Konsultation eines auf Tropenmedizin spezialisierten Arztes als auch die ausgiebige Recherche im Internet, um sich eine eigene Meinung zu bilden und danach zu handeln. Gängige Impfungen für Reisen nach Übersee sind zum Beispiel die gegen Hepatitis A und B, Tollwut, Typhus, Gelbfieber, Diphtherie oder Cholera. Gegen manche Krankheiten wie zum Beispiel Malaria oder Denguefieber gibt es keine Impfung; in den entsprechenden Risiko-Gebieten gilt es, selbst einen umfangreichen Schutz durch lange Kleidung, Mückensprays und Moskitonetze zu betreiben. Malaria kann man zusätzlich durch Prophylaxe- oder Stand-by-Präparate vorbeugen, aber auch das sollte man ausführlich mit dem Arzt besprechen, am besten mit einem Tropenmediziner. Den Impfpass würde ich auf die Reise mitnehmen oder alternativ abfotografieren. In Bezug auf Medikamente nehme ich in der Regel lediglich Tabletten gegen Durchfall mit und überlasse alles andere im Fall eines Falles einem Arzt vor Ort. Und aufgepasst: Besonders in Ländern Asiens und Südostasiens werden in Apotheken manchmal viel zu hoch dosierte Medikamente angeboten und das meist ohne Beipackzettel. Achte daher genau darauf, was für ein Medikament man dir empfiehlt, damit du gegebenenfalls im Internet recherchieren kannst.

Sicherheitstools zum Selbstschutz

Eine hundertprozentige Sicherheit gibt es auf Reisen nicht, aber es ist definitiv beruhigender, wenn man sich mit einer schutzbietenden Maßnahme ausrüstet. Es gibt ein paar einfache und sogar kostengünstige Hilfsmittel, die leicht im Reisegepäck Platz finden oder am Körper getragen werden können:

- **Notalarm:** Hierbei handelt es sich um ein meist ovales Stück Plastik in Form eines Schlüsselanhängers. Darin steckt ein Metallpin, den man im Notfall herausziehen kann, wonach ein sehr lauter Alarm von circa 120 Dezibel ausgelöst wird. Das kann dabei helfen, einen Angreifer in die Flucht zu schlagen und die Aufmerksamkeit von Passanten oder Mitbewohnern zu gewinnen. Er ist nur etwa 5 x 4 Zentimeter groß und findet in Hosentasche, Brustbeutel oder Hüftgurt Platz. Der Alarm stoppt erst wieder, wenn der Metallpin zurückgesteckt wird.
- **Trillerpfeife:** Klingt eigentlich zu einfach, ist aber sehr wirkungsvoll. Man kann sie an der Halskette festmachen, in die Hosentasche stecken oder an einer anderen Stelle der Kleidung befestigen, wo sie schnell griffbereit ist. Lege sie dir ruhig vor dem Schlafengehen in Reichweite auf den Nachttisch, das lässt dich vielleicht einfach besser schlafen, denn bei Bedarf kannst du dich gleich lautstark verständlich machen.
- **Türstopper:** In vielen Hotelzimmern gibt es zwar zusätzlich zum Türschloss die Sicherheitskette, aber das ist nicht immer der Fall. Wenn du dich während der Schlafenszeit sicherer fühlen und das Eindringen ungebetener Gäste verhindern möchtest, kannst du einen rutschfesten Türstopper aus Gummi von innen unter den Türschlitz schieben. Da nicht alle Türschlitze gleich hoch sind, kann man zwei flache Gummi-

Stopper bei Bedarf übereinanderlegen und hat somit überall eine sehr gute Lösung, sich vor Eindringlingen zu schützen. Die Türstopper wiegen gerade mal 100 bis 200 Gramm und belasten mit ihrer geringen Größe nicht das Reisegepäck. Alternativ gibt es diese Stopper auch mit Alarm-Funktion.

- **Fensteralarm:** Diese Sicherungsmöglichkeit kann man einfach mit einem Klebeband am Fensterrahmen anbringen und den Schalter auf »On« stellen. Sobald jemand versucht das Fenster von außen zu öffnen, ertönt für eine Minute ein sehr lauter Alarm von circa 120 Dezibel. Man kann ihn auch für einen Schrank verwenden, um den Inhalt vor Diebstahl zu schützen. Er wiegt nur circa 100 bis 200 Gramm und belastet damit nicht das Gepäckgewicht.

- **Pfefferspray oder CS-Gas:** Eigentlich der Klassiker unter den Selbstschutz-Möglichkeiten, aber dennoch in vielerlei Hinsicht mit Vorsicht zu genießen: Es darf nicht im Handgepäck auf Flügen mitgenommen werden und ist in manchen Ländern zudem verboten. Wer darüber hinaus den Umgang nicht übt, kann sich unter Umständen selbst schaden. Bei einem Selbstverteidigungskurs wird die Anwendung geübt: Die Bedienung sollte mit beiden Händen erfolgen und der Knopf mit dem Daumen bedient werden. Auch ist das Sprühen am effektivsten, wenn der Angreifer noch weiter entfernt ist (circa 2 Meter). Im direkten Körperkontakt und im Eifer des Gefechts wird es wahrscheinlich kaum möglich sein, das Spray noch sinnvoll einsetzen zu können. Wer nicht fliegt und zum Beispiel mit dem Auto unterwegs ist, kann sich ein Pfefferspray in Pistolenform zulegen. Das ist durch den eindeutigen Griff einfacher zu bedienen. Zu kleine Spray-Fläschchen halte ich gerade für Ungeübte nicht sinnvoll. Ich hatte früher oft ein kleines Pfefferspray dabei, einfach um mich sicherer zu fühlen. Ob man es mitnimmt oder nicht, muss man deshalb selbst abwägen und entscheiden.

- **Selbstverteidigungskurs:** Eigentlich ein ganz wichtiger Bestandteil zur eigenen Sicherheit im Alltag und auf Reisen. In einem nur zweitägigen Kurs kannst du bereits viel über allgemeines Verhalten in ernsteren Situationen erlernen, der zudem viel Selbstsicherheit vermittelt. Sehr zu empfehlen sind Krav-Maga-Kurse, in denen man realistische Techniken zur Verteidigung erlernt. Am Ende hilft es nicht nur zu wissen, wie man reagieren müsste, sondern dass man sich auch tatsächlich erfolgreich wehren kann. Schlagen, kratzen und treten zu können scheint so logisch, wenn man sich in einer Gefahrensituation sieht, aber die Hemmschwelle ist in der Realität riesig, was mich selbst überrascht hat.

Versicherungen

Es gibt eine, die du unbedingt abschließen oder haben solltest und wiederum andere, die nur optional Sinn machen. Auch hängt die Art der Absicherung von der Dauer deiner Reise ab. Solltest du eine Weltreise, eine längere Auszeit beziehungsweise ein Sabbatical im Ausland planen, oder sogar deinen Wohnsitz aufgeben und die Heimat auf unbestimmte Zeit verlassen, wirst du dich intensiv mit den notwendigen Maßnahmen beschäftigen müssen. Da Krankenkassen und Krankenversicherungen die Bedingungen für Auslandsaufenthalte unterschiedlich handhaben, möchte ich hier nur die gängigen Versicherungsoptionen für kürzere Reisen nennen. Bei längeren Reisen empfehle ich dir, dich bei deiner Krankenkasse oder -versicherung individuell zu informieren und dann die entsprechenden Vorkehrungen treffen. Eine Unfall- und Haftpflichtversicherung hast du wahrscheinlich schon, daher nun die zusätzlichen Absicherungsmöglichkeiten in Sachen Reise:

- **Auslandskrankenversicherung:** In der EU und in der Schweiz kann man sich in der Regel über die allgemeine Krankenkassenkarte behandeln lassen, allerdings wird meist nur die Grundversorgung gewährleistet. Alles darüber hinaus müsste aus eigener Tasche bezahlt werden. Außerhalb der europäischen Union ist es kritischer, weshalb der Abschluss einer Auslands-Krankenversicherung auf jeden Fall sinnvoll ist, zumal sie nur geringe 10 bis15 Euro im Jahr kostet. Hiermit sind dann alle medizinisch erforderlichen Behandlungen (ambulant und stationär), Arznei- und Heilmittel und ein eventueller Krankenrücktransport abgegolten. Beim Abschluss der Versicherung achte auf die maximale Versicherungszeit im Jahr. Meistens liegt sie bei acht Wochen. Solltest du länger verreisen, brauchst du einen erweiterten Versicherungsschutz. Die privaten Krankenversicherungen zahlen in der Regel im europäischen Ausland uneingeschränkt, im außereuropäischen Ausland für einen Aufenthalt von einem Monat (das kann ebenfalls variieren).

- **Reiserücktritts- und Reiseabbruchversicherung:** Wenn du eine besonders teure Reise gebucht haben solltest, kannst du dich für den Fall eines Abbruchs versichern, um die Stornokosten nicht bezahlen zu müssen. Als Abbruchsgründe gelten der Todesfall oder eine schwere Erkrankung (auch innerhalb der Familie), ein Unfall mit Verletzungsfolgen, Schwangerschaft, der Verlust des Arbeitsplatzes und Ähnliches. Wichtig zu wissen ist hierbei, dass die Versicherung wirklich nur einen triftigen Grund mit Attest oder sonstigen eindeutigen Belegen akzeptiert und nicht, weil einem gerade etwas dazwischen gekommen ist. Ob man diese Versicherung braucht, muss man individuell beurteilen. Bei mir ist sie in der Kreditkarte bereits enthalten, weshalb ich mir keine Gedanken darüber mache. Manchmal wird der Abschluss einer Versicherung auch am Ende einer Flug- oder Hotelbuchung auf einem Online-Reiseportal angeboten. Hier sollte man sich das Kleingedruckte vorher genau durchlesen.

- Rechtsschutzversicherung: Ebenfalls eine individuelle Entscheidungssache. Wenn man auf einer Reise, in einer Streitigkeit mit einem Unternehmen (zum Beispiel mit einem Hotel oder Club), einer Mietwagenfirma, einer Versicherung oder sogar mit der Bank, im Schriftverkehr oder im persönlichen Gespräch nicht zu seinem Recht kommt, kann die Rechtsschutzversicherung eine wichtige Hilfestellung darstellen. Gerade, wenn es um höhere Geldbeträge eht, die man trotz eindeutiger Rechtslage nicht erstattet bekommt, muss man ohne Rechtsschutzversicherung ausgiebig abwägen, ob sich ein Rechtsstreit mit Inanspruchnahme eines Rechtsanwaltes und sogar Gerichtsgebühren lohnt. Mit einer entsprechenden Versicherung muss man außer einer Selbstbeteiligung von 150 bis 300 Euro nichts weiter tun, als dem Rechtsanwalt die Unterlagen zu übergeben, und auf eine gerechte Entscheidung und Erstattung zu hoffen. Meine Bank zum Beispiel wollte mir aufgrund eines Kreditkartenbetruges von mehr als 2000 Euro den Betrag nicht zurückzahlen. Durch die Rechtsschutzversicherung konnte ich den Betrag nach mehr als zwei Jahren Rechtsstreit zurückbekommen. Schön, wenn man sie hat, aber sie kostet natürlich auch Geld.

Falls es deine erste Alleinreise sein sollte und dich bei herannahendem Abreisetag doch noch mal Zweifel oder Panik überkommen sollten: Tief durchatmen! Du hast es bis jetzt geschafft, ein paar riesige Schritte, und jetzt freue dich einfach darauf, eine ganz neue Erfahrung jenseits deines normalen Alltags zu machen, und dich auf das Abenteuer mit Haut und Haaren einzulassen. Hast du den Rucksack schon vor dir stehen? Dann mach dich jetzt ans Packen!

RICHTIG PACKEN

Eine der schönsten Erfahrungen auf Reisen ist meiner Meinung nach die Erkenntnis, mit nur ganz wenigen Dingen unterwegs sein und sich damit vollkommen glücklich fühlen zu können. Damit du auch die richtigen Sachen mitnimmst, möchte ich dir nachstehend einige Tipps geben, wie du effizient und umsichtig packen kannst. Es gibt natürlich Unterschiede zwischen den verschiedenen Reisearten und auch die Dauer spielt eine große Rolle.

Im Anhang kannst du auf der passenden Packliste einfach die für dich relevanten Dinge mit Bleistift ankreuzen oder mit einer Stückzahl versehen.

Rucksack oder Koffer?

Wie findet man heraus, ob man sich lieber einen Koffer oder einen Rucksack zulegen sollte? Natürlich vorausgesetzt, man hat noch kein entsprechendes Equipment. Eigentlich ist die Entscheidung recht einfach: Wenn du jenseits der Großstadt häufig über sandige oder unebene Straßen gehen musst, viel von Ort zu Ort reist und es unterwegs sinnvoller sein wird, dein Gepäck auf den Schultern zu tragen als ein Gepäckstück über Stock und Stein hinter dir herzuziehen, ist wahrscheinlich ein großer Backpack das Mittel der Wahl. Hast du wiederum eine längere Städte- oder Mietwagenrundreise vor, lohnt vielleicht eher der Rollkoffer, weil man seine Sachen darin doch etwas geordneter unterbringen kann und zudem Schultern und Rücken schont. Ein Koffer macht abgesehen davon immer einen eleganteren und feminineren Eindruck, weshalb die Entscheidung auch unter diesem Gesichtspunkt einer Abwägung bedarf.

Reisen mit großem und kleinem Rucksack

Wenn die Wahl für deine Reise auf den Rucksack gefallen ist, brauchst du neben diesem wahrscheinlich noch ein Handgepäckstück, für das sich ebenfalls ein Rucksack in kleinerer Größe eignet. Diesen Backpack kannst du unterwegs verwenden, während der Rest deiner Sachen in der Unterkunft verbleibt. Bei der Auswahl des großen Rucksacks möchte ich dir unbedingt empfehlen, einige der zur Auswahl stehenden vor dem endgültigen Kauf mindestens eine halbe Stunde lang mit entsprechendem Gewicht auf den Schultern zu tragen. In großen Outdoorgeschäften wie *Globetrotter* erhältst du eine fachkundige Beratung, um den besten Rucksack für deine Körpergröße und Bedürfnisse zu finden. Da es sich hierbei um eine kostenintensivere Investition handelt, lohnt sich die ausgiebigere Testphase. Bezüglich des Volumens entscheiden sich die meisten Frauen für circa 55 Liter plus optionale 10 Liter. Bei dem kleineren Daypack kannst du dich entweder für ein eher funktionales oder stylisheres Produkt entscheiden. Vielleicht verwendest du ohnehin schon einen im Alltag, den du dann natürlich auch als Handgepäckstück für die Reise verwenden kannst.

Reisen nur mit Handgepäck

Diese minimalistische Art zu reisen hat in den vergangenen Jahren eine große Anhängerschaft gefunden. Viele empfinden es als befreiend, mit sehr wenigen Dingen zu reisen und auszukommen. Hierfür wird man allerdings eine kleine Challenge durchlaufen müssen, da man so einiges zu Hause lassen und sich auf das Wesentliche konzentrieren muss. Andererseits hat man natürlich den riesigen Vorteil, dass man unterwegs nicht viel verlieren kann. Der wichtigste Aspekt hierbei ist das Gewicht. Um viel davon im Gepäckstück selbst einzusparen, kann man während des Check-in einfach mehrere Lagen Kleidung übereinander tragen, denn das wird natürlich nicht mitgerechnet.

Gewicht und Abmessungen des Aufgabe- und Handgepäcks

Das maximale Gewicht des aufzugebenden Gepäcks ist bei den mehr als vierzig Airlines ziemlich unterschiedlich. In den meisten Fällen darf man zwischen 20 und 23 Kilo im großen Gepäckstück mitführen. Beim Handgepäck sind in der Regel die Maße 55 x 35 x 23 Zentimeter in Form von Rucksack, Koffer, Tasche mit einem Maximalgewicht von 8 Kilo erlaubt, und zusätzlich ein weiteres Stück wie eine Handtasche mit maximal 2 Kilo. Insgesamt dürfen also 10 Kilo Gesamtgewicht mit ins Flugzeug genommen werden. Manche Airlines erlauben hier nur 5 oder 8 Kilo, andere wiederum haben gar keine Gewichtsbegrenzung. Wichtig zu wissen: Manche Gesellschaften rechnen Kamera und Laptop nicht mit ein. In jedem Fall muss das Handgepäck in das Gepäckfach über dem Sitz passen. Die Angaben jeder einzelnen Airline unterliegen Schwankungen, weshalb man sich vor der Reise auf der Internetseite der Fluggesellschaft nochmals genau nach den Bedingungen erkundigen sollte. Wenn man noch weitere Flüge gebucht hat, zum Beispiel Inlandsflüge im Reiseland, sollte man auch dort genau nach den Bestimmungen suchen und sich auf das Maximalmaß und -gewicht einstellen.

Nicht alles darf im Handgepäck mitgeführt werden: Seitdem die Richtlinien diesbezüglich verschärft wurden, muss man während der Flugreise auf einiges verzichten. Hierzu zählen unter anderem Taschenmesser, Korkenzieher und Pfefferspray. Nagelscheren mit einer Klingenlänge unter 6 Zentimetern sowie Pinzetten mit abgerundeten Ecken werden manchmal akzeptiert, jedoch ohne Gewähr. Flüssigkeiten dürfen nur in Behältnissen von maximal 100 Millilitern mitgenommen werden und diese müssen allesamt in einem durchsichtigen 1-Liter-Beutel verpackt sein. Feuerzeug oder Streichhölzer sind meist erlaubt (in den USA allerdings nicht), müssen aber am Körper getragen werden.

Tipps zur Gewichtsreduktion

Je nach Reiseziel habe ich persönlich gern so einiges dabei, zumal ich manchmal nicht weiß, wie ich mich dort kleiden werde. Sobald ich zum Beispiel nicht nur casual, sondern auch etwas schicker unterwegs sein möchte, oder bedingt durch die kalte Jahreszeit oder Region dickere Kleidung benötigt wird, gilt es effizienter zu packen. Hier ein paar Tipps:

- **Kleidung:** Viele Kleidungsstücke und Schuhe kann man für mehrere Anlässe verwenden. Elegantere, schwarze Flip-Flops etwa sind sowohl zum Ausgehen als auch für den Strand geeignet, ein Schal kann multifunktional als Schulterabdeckung, Kopfbedeckung, Windschutz eingesetzt werden und so weiter.

- **Kosmetik:** Viele Verpackungen von Shampoo, Zahnpasta, Deo und Co. haben besonders für die kürzere Reise verhältnismäßig große Abmessungen, die man durch das Abfüllen in kleinere Behältnisse einfach und deutlich verringern kann. Die Döschen und Fläschchen gibt es in Drogeriemärkten für weniger als einen Euro zu kaufen. Alternativ nimmt man einfach leere Verpackungen in der gewünschten Größe, die auf diese Weise recycelt werden können.
- **Waschmittel:** Wenn man nur wenig Kleidung auf die Reise mitnehmen kann, wird das regelmäßige Waschen unterwegs unabdingbar sein. Mit einem Handwaschmittel und einer kleinen Wäscheleine lässt sich das sehr einfach im Hotelzimmer oder Bad umsetzen.
- **Bücher:** Sie sind verhältnismäßig schwer und nehmen Platz weg. Noch schlimmer ist dabei, dass man sie am liebsten auch wieder mit nach Hause schleppen möchte, wenn man sie gelesen hat. Eine einfache Abhilfe für alle drei Probleme verschaffen E-Books und Hörbücher. Man braucht dafür noch nicht einmal unbedingt ein zusätzliches Kindle-Gerät, denn alles lässt sich bequem auf dem eigenen Smartphone speichern und abspielen.

Mehr Übersicht und Ordnung im Gepäck

Die meisten großen Backpacks und Koffer bieten wenige bis keine Unterteilungsmöglichkeiten, weshalb schlimmstenfalls Kleidung und alles Weitere wild durcheinanderfliegen, zerknittern und zerknautschen. Und Schuhe sind nicht gerade hygienisch, wenn man an so manche Straße denkt. Eine einfache Abhilfe schaffen hier sogenannte Packhilfen oder Cubes. Sie bestehen meist aus einem dünnen, reißfesten Material mit Reißverschluss und sind in unterschiedlichen Größen erhältlich. Mit ihrer

Hilfe kann man Oberteile, Hosen, Schuhe, Unterwäsche, Socken, Badesachen und so weiter voneinander trennen und stets zielsicher unterscheiden. Ich nehme außerdem noch einen leeren Packbeutel für getragene Wäsche mit, damit die frischen Sachen keine unschönen Gerüche annehmen. Stifte, Ladekabel und sonstiger Kleinkram werden ebenfalls in kleine Hüllen gepackt, für das Kamera-Equipment gibt es ein eigenes Täschchen, und am Ende hat sozusagen jede Kategorie – ähnlich wie in einem Kleiderschrank – ihren eigenen Aufbewahrungsort, was das Reisen ohne Chaos sehr viel angenehmer gestaltet.

Welche Dokumente sind nötig?

Je nach Reiseziel und Reiseart kann sich das natürlich unterscheiden, aber in der Regel sind das:

- Personalausweis und/oder Reisepass,
- Bargeld, EC- und/oder Kreditkarte,
- Versicherungskarte, Impfpass, Notfall-Ausweis,
- Eventuell Führerschein und bei einem Mietwagen im außereuropäischen Ausland auch der internationale Führerschein,
- Tickets und Reservierungsbestätigungen (digital oder als Ausdruck),
- Biometrische Passfotos, falls ein Visum on Arrival am Zielflughafen beantragt werden muss,
- Als Taucherin: Tauchschein und Logbuch (Manche Tauchstationen verlangen eine tauchärztliche Bescheinigung. Diese kannst du entweder bereits zu Hause oder bei einem Arzt im Reiseland nach einer eingehenden Untersuchung ausstellen lassen).

Alle Dokumente solltest du bei einer Flugreise im Handgepäck aufbewahren. Wenn du auf Nummer sicher gehen möchtest, kannst du alles einscannen und auf dem Laptop oder in einer Cloud speichern, um jederzeit darauf zugreifen zu können. Notiere dir auch die Notrufnummer deiner Bank und deines Kreditkartenbetreibers. Eine hilfreiche App für die Speicherung von Dokumenten ist zum Beispiel die App *Evernote*.

Was soll ich anziehen?

- **Tops, T-Shirts, Blusen, Hemden**: Je nach Wetter im Reiseland lohnt das Packen und Tragen nach dem Zwiebelprinzip, das Top kann also auch als Unterhemd dienen oder die Bluse unter dem Pullover getragen werden. Am besten legst du dir vorher einige Outfits zurecht, die du für verschiedene Anlässe miteinander kombinieren kannst. Auf *Pinterest* findest du eine Menge Inspiration.
- **Pullover, Kapuzen-Sweatshirts**: Dicke Pullover nehmen schnell viel Platz ein. Daher kannst du auf dünnere Pullis oder Sweat-Jacken zurückgreifen, die mit wärmenden Tops und Shirts darunter kombiniert werden.
- **Unterwäsche, Strümpfe, Strumpfhosen**: Besonders Slips und dünnere Socken lassen sich schnell und einfach waschen und trocknen, weshalb es hier nur weniger Teile bedarf.
- **Badesachen**: Wenn du viel im Meer oder Pool schwimmen wirst, lohnen sich zwei Bikinis oder Badeanzüge zum Wechseln. Die Bikini-Oberteile kann man auch als BH verwenden. Manchmal empfiehlt sich auch die Mitnahme einer Tunika oder eines Strandponchos.
- **Hosen, Shorts, Gürtel**: Sofern wenig Gewicht gefragt ist, lohnt je nach Reiseziel eine Hose, die man mittels Reißverschluss an den

Knien zu einer Shorts umfunktionieren kann. Ansonsten sind bei wärmeren Ländern natürlich dünnere Hosen sinnvoller als zum Beispiel Jeans.

- **Röcke, Kleider:** Auch hierbei kannst du bei geringem Gepäck eher den Rock wählen als das Kleid, da man den Rock mit verschiedenen Oberteilen nutzen kann und somit mehr Outfits unterwegs zur Verfügung stehen.
- **Jacke, Windbreaker:** Ein qualitativ hochwertiger, leichter Windbreaker, der auch als Regenjacke genutzt werden kann, spart viel Platz und ist bei kälteren Temperaturen im Zwiebelprinzip ein empfehlenswerter Begleiter.
- **Schal:** Für mich eines der wichtigsten Utensilien auf Reisen, das immer mit muss – nicht nur in Flugzeug, Bus, Bahn oder Zug bei zu kalter Klimaanlage, sondern auch in sehr warmen Ländern als Bettlaken, als Sonnenschutz oder ganz normaler Schal. Praktisch sind hier dünne und größere Jerseyschals.
- **Flip-Flops, Schuhe, Sneakers, Sandalen:** Bei begrenztem Gewicht und Platz hat man die Qual der Wahl. Flip-Flops sind fast immer nötig: im Bad, beim Schwimmen oder am Strand. Ich wähle immer schwarze Flip-Flops, die ich auch abends zum Rock oder Kleid tragen kann. Dazu kommen ein Paar flache Sandalen und Sneakers, die ich bereits auf der Reise trage, wodurch im Gepäck Platz gespart wird.
- **Sportkleidung:** Im Idealfall können die Sneakers gleichzeitig als Sportschuhe dienen. Viele coole Runningtops, Shorts und Leggins können auch im Reisealltag getragen werden und sehen zudem gut aus.
- **Schlafkleidung:** Nicht zwingend notwendig, denn Tops, Leggings oder Shorts können auch nachts getragen werden.

- **Hut, Mütze, Cap:** Während Mütze und Cap nicht viel Platz wegnehmen, kann man den Hut unter Umständen bereits während der Reise aufsetzen.
- **Schmuck:** Kann eingepackt oder direkt getragen werden.

Welche Kosmetikartikel brauche ich?

Denk daran, dass Behältnisse für Flüssigkeiten im Handgepäck nicht mehr als 100 Milliliter fassen dürfen. Darum gehören alle weiteren Kosmetika in das große Gepäckstück. Generell möchte ich dir gern die Verwendung von Naturkosmetik-Produkten ans Herz legen, die im Gegensatz zu herkömmlichen Pflege-, Reinigungs- und Stylingprodukten keine gesundheits- und umweltschädlichen Inhaltsstoffe und auch kein Mikroplastik enthalten. Eine gute Hilfe ist hier die App *Codecheck*, mit der du Produkte im Laden direkt anhand des Barcodes testen kannst.

- **Schminke:** Make-up, Puder, Lidschatten, Lipgloss, Kajalstift, Abdeckstift, Wimperntusche und so weiter.
- **Körperpflege:** Gesichtscreme, Shampoo, Duschgel, Peeling, Augen-/Make-up-Entferner, Wattepads, Sonnenmilch, Bodylotion: Je nach Reisedauer braucht man vielleicht nur wenig davon. Hier lohnt sich das Umfüllen auf kleinere Behältnisse.
- **Zähne:** Zahnbürste und -creme, Zahnseide. Besonders umweltschonend sind Handzahnbürsten aus Bambus, platzsparend sind Zahnputztabletten.
- **Parfum, Deo:** Es gibt viele Düfte in der kleineren 30-Milliliter-Verpackung, ansonsten kann man ihn auch auf einen kleinen Zerstäuber umfüllen, den man unterwegs im Handgepäck tragen kann. Deos werden ebenfalls in sehr kleinen Größen angeboten.

- **Nägel:** Nagellack und -entferner, Feile, Nagelschere. (Je nach Bestimmungen der Fluggesellschaft, Größe und Material nicht im Handgepäck zulässig).
- **Haare:** Bürste, Kamm, Haargummis, Klammern, Reiseföhn, Glätteisen, Lockenstab, Stylingprodukte.
- **Rasierer:** Den Rasierer und Ersatzklingen darf man nur im Handgepäck mitnehmen, sofern sie sozusagen »hinter Gittern« sind. Gegebenenfalls bei der Fluggesellschaft nachfragen.
- **Damen-Hygiene:** Viele reguläre Tampon-Marken bestehen aus Watte, die mit Pestiziden behandelt wurde und somit unter Umständen krebserregende Substanzen enthält. Steige daher besser auf Bio-Tampons oder -Binden um. Noch besser: Eine Menstruationstasse – spart Geld und schont die Umwelt!
- **Verhütungsmittel:** Kondome oder Alternative.

Welche digitale Ausrüstung soll mit?

- **Handy:** Viele fotografieren heute nur noch mit ihrem Smartphone, und das ist bei einer Reise, vor allem nur mit Handgepäck, ideal. USB-Ladekabel nicht vergessen!
- **Fotokamera und Zubehör:** Am besten so leicht und einfach wie möglich. Die meisten Frauen verwenden heute eine leichte Digital-, System- oder Bridgekamera. Speicherkarten, Ladekabel, eventuell Ersatzakku und Kartenlesegerät müssen auch noch mit.
- **Stativ, Reinigungstuch und Pinsel:** Es gibt kleine, flexible Stative für das Smartphone oder für eine kleine Kompaktkamera. Reinigungstuch und -pinsel sind leicht und sinnvolle Helfer.

- **Laptop, Tablet/iPad**: Das iPad ist zwar kleiner und hat weniger Gewicht, allerdings ist das Schreiben damit recht umständlich. Meist ist aber der Laptop mit Ladekabel und eventuell Schutzhülle das Mittel der Wahl.

- **Kindle**: Wiegt nicht viel und ist meist dem dicken Roman oder Reiseführer vorzuziehen. Da die *Kindle*-App auch auf dem Smartphone funktioniert, spare ich mir sogar den Kindle und lese auf meinem Handy. Ist insofern praktisch, weil ich die Infos dann gleich unterwegs zur Hand habe. Für längeres Lesen kann das Handy jedoch zu anstrengend sein.

- **Weltstecker**: In vielen Ländern nötig, darum empfiehlt sich einer, der möglichst viele Länder abdeckt.

- **Unterwasserkamera**: Die Erlebnisse beim Schnorcheln oder Tauchen aufzunehmen wird dank Minikameras immer beliebter. Kameras wie die *GoPro* nehmen nicht viel Platz weg und können sicher verstaut werden, zum Beispiel in einem Strumpf.

- **USB-Powerbank**: Leider haben noch nicht alle Flugzeuge einen USB-Stecker zum Aufladen des Handys. Wer mit dem Smartphone während des Fluges arbeitet oder liest, kann eine USB-Powerbank verwenden. Solltest du mit dem Auto oder Mietwagen unterwegs sein, empfehle ich einen USB-Ladestecker für den Zigarettenanzünder.

- **Externe Festplatte**: Für diejenigen, die unterwegs viele Fotos und Videos machen und diese zwischendurch separat sichern möchten, lohnt die Mitnahme einer externen Festplatte (mit Passwortschutz). Ich nehme zum Beispiel immer eine mit, auf der all meine Reisefotos gespeichert sind. Alternativ kann man eine Online-Cloud einrichten.

Nützliches – Was muss sonst noch ins Gepäck?

- **Snacks und Trinkflasche (leer):** Nicht alle Fluglinien haben den besten Service und eine gute Verpflegung während des Fluges. Daher kann man sich vorher schon mit Snacks eindecken. Die Trinkflasche muss bei der Sicherheitskontrolle leer sein und am besten Flasche und Deckel getrennt voneinander. In den Flaschenteil kann man eine Socke oder Ähnliches stecken.
- **Schlafmaske, Nackenkissen, Ohrstöpsel:** Alles nimmt wenig Platz weg und muss natürlich mit, wenn man nicht darauf verzichten kann.
- **Kleiner Faltrucksack, Geldgürtel:** Für Touren unterwegs im Reiseland lohnt sich beides. Der kleine Faltrucksack fasst meist circa 10 bis 15 Liter und ist federleicht. Den Geldgürtel kann man bereits während des Fluges tragen.
- **Regenschirm, Regenkleidung:** Wenn schon ein wasserdichter Windbreaker dabei ist, kann gegebenenfalls darauf verzichtet werden.
- **Brille, Kontaktlinsen, Sonnenbrille:** Die Sehhilfe inklusive Reinigungslotion muss mit, eine Sonnenbrille ebenfalls. Das Reinigungstuch kann auch für Kamera, Laptop und Handy verwendet werden.
- **Medikamente:** Hier kommt es auf das Reiseziel an. Für Städtereisen braucht man vielleicht nur die Durchfall-Prophylaxe und Medikamente, die man zu Hause regelmäßig einnehmen muss. Ansonsten bekommt man eigentlich alles in kürzester Zeit in Apotheken, oder man sucht im Reiseland einen Arzt auf. Vor anspruchsvolleren Fernreisen sollte man den Tropenmediziner aufsuchen.
- **Reisebügeleisen:** Es ist leider nicht so leicht (circa 400 Gramm), aber bei Businesstips möglicherweise nicht ganz unwichtig – sofern das Hotel im Reiseland nicht über eins verfügt. In vielen Ländern kann man alternativ günstige Wäsche-Services in Anspruch nehmen.

- **Handwaschmittel, Wäscheleine:** Je öfter man unterwegs waschen kann, umso weniger Kleidung ist nötig. Zum Aufhängen empfiehlt sich eine Mini-Wäscheleine.
- **Moskitoschutz:** Ist als Spray oder Lotion erhältlich, in den meisten Ländern auch im Supermarkt, ebenso wie Citronella-Kerzen. Zum Schutz vor Moskitos sollte man langärmlige Shirts und lange Hosen für den Abend im Gepäck haben. Je nach Reiseland ist die Mitnahme eines leider meist nicht ganz leichten Moskitonetzes von Nutzen.
- **Sicherheitstools:** Für etwas mehr Security empfehlen sich Taschenalarm, Trillerpfeife, Türstopper oder Pfefferspray.
- **Erste-Hilfe-Set:** Vor allem in Entwicklungsländern mit geringem Hygienestandard lohnt sich solch ein Set, in dem sich die gängigsten Produkte für den Notfall befinden wie Verbandszeug, Schere und eventuell auch Spritzen und Kanülen. Pflaster und Wunddesinfektion für kleinere Verletzungen sollten aber auf keiner Reise fehlen.

UNTERWEGS

ALLEIN IM AUSLAND

Möglicherweise schwirren dir vor deiner Ankunft im Reiseland noch verschiedene Fragen durch den Kopf. Wie werden Leute auf mich reagieren, wenn ich allein unterwegs bin? Wie soll ich meinen Tagesablauf gestalten? Was kann ich gegen Unsicherheit oder Einsamkeitsgefühle tun? Wie soll ich mich verhalten, wenn ich mich unwohl fühle? Wie schon im ersten Kapitel erwähnt, möchte ich dir empfehlen, dich nicht von deinem Verstand verrückt machen zu lassen. Da sich die meisten Zweifel im Nachhinein erfahrungsgemäß fast immer als nichtig herausstellen, lohnt sich das wilde Kopfkino vorher einfach nicht. Nichtsdestotrotz: Eine gewisse Aufregung vor der Abreise ist etwas Tolles, und diese solltest du meiner Meinung nach auch unbedingt als etwas Positives werten. Eine neue Erfahrung wartet auf dich, egal, ob du zum ersten Mal überhaupt allein verreist, oder in ein völlig unbekanntes Land eintauchst. Jede Alleinreise ist anders und wird dich mit vielen neuen Erlebnissen und Skills belohnen.

In deinem Reiseland wirst du möglicherweise ganz unterschiedliche, neue Situationen erleben. Manche werden erfreulich angenehm sein, andere können dich wiederum herausfordern. Hier gebe ich dir einige bewährte Tipps mit auf den Weg.

Lass dich nicht hetzen!

Die meisten Fehlerchen und Fettnäpfe sind mir persönlich dadurch passiert, dass ich mich selbst oder durch andere habe stressen lassen. Bis auf wenige Ausnahmen solltest du dir daher immer der Tatsache bewusst sein, dass du auf der Reise alle Zeit der Welt hast! Es gibt niemanden, der dich unter Druck setzen kann. Du stehst zum Beispiel an einem fremden Busbahnhof oder Taxistand und Leute kommen auf dich zu, die dir schon mal deinen Rucksack abnehmen und dich schnell zu dem vermeintlich besten Bus oder Taxi bringen wollen? Sag einfach, dass du noch Zeit brauchst und gern darauf zurückkommst. Manchmal macht es Sinn, erst Preise zu vergleichen oder an einem Infostand nach dem richtigen oder besten Weg zu einer Unterkunft zu fragen. Oder nach dem sichersten Taxi. In der Eile lässt man schnell etwas liegen oder ist möglicherweise nicht richtig vorbereitet, was zu einem unguten Gefühl führen kann. Die Kraft liegt in der Ruhe, also berufe dich während der Reise immer wieder darauf, bei dir selbst zu bleiben und nicht in Hektik zu verfallen.

Du bist der Boss!

Es ist deine Reise. Du entscheidest – und niemand anders. Unterwegs wirst du hin und wieder Menschen begegnen, die besser zu wissen scheinen, was gut für dich und deine Weiterreise ist. Aber du bist diejenige, die das Zepter in der Hand hat. Lass dich daher nicht zu etwas überreden, das du eigentlich gar nicht möchtest oder das sich nicht gut anfühlt. Niemand kann dich zwingen. Bedenke, dass in manchen Ländern gern schon mal unsere Höflichkeit ausgetestet oder sogar ausgenutzt wird. Sage dir stets, dass dein eigener Schutz an erster Stelle steht und dir niemand ein »Nein« oder eine anderweitige Ablehnung verübeln kann. Du bist immer die Chefin deiner gesamten Reiseplanung und -route!

Achte auf deine Intuition!

Dein Bauchgefühl kann dich an vielen Stellen vor Unglück bewahren, wenn du ihm deine Aufmerksamkeit schenkst. Ich persönlich bin keine Freundin des Ratschlags, sich grundsätzlich und zu hundert Prozent auf die Intuition zu verlassen. Es gilt zu bedenken, dass diese bei jedem Menschen anders ausgeprägt ist. Daher muss nicht alles, wenn es sich gut anfühlt, am Ende auch tatsächlich gut sein. Wenn sich aber andererseits etwas nicht gut anfühlen sollte, möchte ich dir in jedem Fall raten, sofort eine Änderung der Situation herbeizuführen. Ein schlechtes oder ungutes Bauchgefühl trägt zu deinem persönlichen Schutz bei und sollte generell beherzigt werden. Wenn du eine positive Einstellung und ein gutes Bauchgefühl zu einer Situation, einer Person oder einer Entscheidung hast, nimm stets noch den sachlichen Verstand als Berater mit ins Boot, der auch seine Meinung beitragen kann.

Geld ist nur Papier!

Diesen Spruch hat mir mein Arzt einmal mit auf den Weg gegeben, und er hat sich mir fest eingebrannt. Ich finde es extrem wichtig sich zu vergegenwärtigen, dass Geld nur ein Tauschmittel und vor allem reproduzierbar ist. Im Gegensatz dazu ist dein Leben und deine Gesundheit heilig, und nicht alles kann man einfach und mal eben wiederherstellen, weshalb du dich immer wichtiger nehmen solltest als alles Geld. Solltest du in eine unschöne Situation geraten: Geld ist lediglich ein Wert und definitiv zweitrangig – auch und gerade dann, wenn das Geld bei dir nicht auf Bäumen wächst. Ich möchte damit sagen, dass du dich im Fall eines Falles immer für die sichere Variante entscheiden solltest, als dich zum Beispiel für eine Einsparmöglichkeit in Gefahr zu begeben. Anders gesagt: An der falschen Stelle zu sparen könnte unter Umständen dein ganzes Leben negativ beeinflussen – und das ist kein Geld der Welt wert.

Fragen, fragen, fragen!

Eine Fähigkeit, die auch ich erst lernen musste: Fremde Menschen ansprechen und nach dem Weg oder anderen Dingen fragen. Mir fiel es früher wahnsinnig schwer, unbekannte Leute zum Beispiel zu bitten, sich ein Taxi mit mir vom Flughafen ins Zentrum zu teilen. Das zu lernen, fördert das Selbstbewusstsein und ist eine tolle Erfahrung. Wenn du also irgendwo nicht weiterweißt, frage jemanden nach dem Weg: je nach Land vorzugsweise eine Frau. Überraschend war für mich, wie hilfsbereit Menschen überall auf der Welt sind, und das sollte man durchaus für sich nutzen, bevor man verzweifelt. Fragen kostet bekanntlich nichts und kann einem in vielen Momenten sehr weiterhelfen, auch in Bezug auf Insider-Tipps.

Gute Organisation, gutes Gefühl!

Vorausschauend planen und reisen macht in vielerlei Hinsicht Sinn. Je mehr du über dein Reiseland weißt, umso wohler und sicherer wirst du dich fühlen. Und je mehr du organisierst, umso einfacher wird sich die

Reise gestalten. Wenn du zum Beispiel in einen fremden Ort kommst und weder Informationen noch etwas vorgebucht hast, kann das unter Umständen gerade bei Alleinreise-Newbies Stress auslösen. Wenn du hektisch wirst und dich unsicher fühlst, strahlst du das natürlich auch aus und bist dadurch anfälliger für nicht so glückliche Entscheidungen und Fettnäpfchen, wie ich sie schon beschrieben habe. Gleiches gilt für das Umherirren mit einer Faltkarte. Mit den richtigen Utensilien wie Navigation und Reiseführer sowie den notwendigen Informationen zur Weiterreise und den entsprechenden Vorausbuchungen – auch wenn sie erst kurz vorher durchgeführt wurden –, erlebst du unterwegs die größte Leichtigkeit.

Alleinsein ist klasse!

»Mmmhh ... na ja, ich weiß nicht so genau«, hörst du dich vielleicht jetzt sagen. Ich persönlich genieße die Zeit allein immer sehr, weil die Welt da draußen ohnehin schon so schnell, laut und hektisch ist und man ständig irgendwelche E-Mails oder anderweitige Nachrichten bekommt. Man kann sich mit so wahnsinnig vielen und schönen Dingen selbst beschäftigen. Vielleicht ist es der Grund, dass ich mich nie einsam fühle – ich vermisse eben nichts. Wenn man sich bewusst macht, dass das Single-Dasein nur ein begrenzter Zeitraum ist, riecht so eine Solo-Phase doch irgendwie ziemlich stark nach Abenteuer, oder nicht? Daher habe ich bei einer Reise beispielsweise immer eine Menge neuer Bücher und Hörbücher im virtuellen Köfferchen. Unterwegs schreibe ich gern in einem schicken Notizbuch meine Gedanken auf. Ich habe festgestellt, dass gerade die nicht so angenehmen Momente oft die tiefsten und emotionalsten waren und im Nachhinein einen besonderen Teil der Reise ausgemacht haben. Ansonsten liebe ich es, durch Städte zu laufen oder manchmal sogar umherzuirren, in einem neuen Café zu sitzen und Leute zu beobachten oder mal etwas ganz Neues auszuprobieren. Dann bin ich plötzlich in einem französischen Kinofilm, dessen Komik ich nicht nachvollziehen kann, probiere ein besonderes Spa aus oder was auch immer gerade angeboten wird. Ich muss dazu sagen, dass ich von einer Alleinreise nicht erwarte, dass sie perfekt verläuft. Meist sind es gerade die überraschenden und nicht-perfekten Momente, die eine Reise im Nachhinein besonders machen.

SICHERHEIT GEHT VOR

Jede von uns hat ein anderes Sicherheitsbedürfnis. Viel hängt bereits davon ab, wie viel Angst man in sein mentales Köfferchen packt, das man nicht zu Hause lassen kann oder möchte. Grundsätzlich gilt jedoch unabhängig davon: Sicherheit ist extrem wichtig, wenngleich es nirgends auf der Welt eine hundertprozentige Garantie gibt. Je nachdem also, wie hoch dein persönliches Bedürfnis ist, kannst du mit der Wahl deines Reiseziels bereits den Grundstein für das Maß an Sicherheit legen. Des Weiteren lohnt es sich, vorher entsprechend zu planen, eine sichere Unterkunft zu wählen sowie ein oder mehrere der in Kapitel *Reiseunterlagen und Vorsorge* erwähnten Sicherheitstools einzupacken. Und dann gibt es noch einige weitere Punkte, die du selbst beeinflussen kannst:

Kontakt mit Freunden und Familie halten

Falls du bereits eine genaue Reiseroute und -planung hast, gib sie vor deiner Abreise am besten jemandem, der dir nahesteht und ständig mit dir im Kontakt sein wird. Falls etwas passieren sollte – auch, wenn das sehr unwahrscheinlich ist –, kann man aus der Ferne nachvollziehen, wo du zum Zeitpunkt X warst. Informiere andere über WhatsApp oder andere Nachrichten-Apps über Pläne, Änderungen oder Besonderheiten. Ansonsten gibt es auch vermehrt Sicherheits-Apps, mit denen du dich von einer Person deiner Wahl weltweit tracken lassen kannst.

Kleidung

In den meisten Ländern sind zwar inzwischen die vergleichsweise offenen Verhaltensweisen der westlichen Reisenden bekannt, allerdings bedeutet das nicht automatisch, dass man sich deshalb auch entsprechend kleiden sollte. Besonders in Ländern und Regionen, in denen die einheimischen Frauen bedingt durch ihre Kultur oder Religion nur wenig Haut in der Öffentlichkeit zeigen, sollte man sich dieser Optik unbedingt anpassen. Das ist nicht nur respektvoll, sondern schützt auch vor unangenehmen Blicken, nerviger Anmache und schlimmstenfalls Grapschen oder anderweitigen Übergriffen. Natürlich hat niemand nirgends das Recht, eine Frau gegen ihren Willen anzufassen, allerdings hilft einem dieses Wissen im Falle eines Falles nicht weiter. Je mehr Haut man zeigt, umso mehr wird man unter Umständen ins Visier testosterongeladener oder vielleicht betrunkener Männer geraten, und das sollte man meiner Meinung nach bestmöglich vermeiden, am einfachsten durch langärmlige und weite Bekleidung. Ich veranschauliche das Thema auf Vorträgen gern mit einem schnuckeligen Koala auf einem Baum in greifbarer Nähe: Wir wissen, dass wir ein Wildtier wie dieses nicht anfassen dürfen, aber die Versuchung ist dennoch groß, und viele streicheln es am Ende doch. Daher kleide dich in diesbezüglich kritischen Ländern unauffällig, um möglichst deine Ruhe zu haben. Damit habe ich persönlich durchweg gute Erfahrungen gemacht.

Die Kleidungsempfehlung für dein Reiseziel findest du in der Regel im Reiseführer. Vor Ort kannst du dir dann selbst noch ein Bild davon machen, wie sich die Frauen landestypisch kleiden. Besonders in Ländern, in denen die muslimische Kultur noch sehr ursprünglich und traditionell gelebt wird, solltest du möglichst lange und weite Kleidung tragen. Schulter-, knie- und bauchfrei ist unerwünscht und auch durchsichtige Oberteile und tiefe Dekolleté- oder Rücken-Ausschnitte sind nicht sinnvoll. Das gilt übrigens auch für verschiedene Tempel und Kirchen. Darauf achten solltest du am besten direkt beim Packen für Reisen in arabische, afrikanische und asiatische Länder. An mancher Stelle ist bei einem Badeurlaub auch ein Badeanzug besser geeignet als ein Bikini.

Kriminalität

Es gibt sie überall auf der Welt und wird sie auch immer geben, aber das sollte dennoch kein Grund sein, von einer Alleinreise abzusehen. Zum einen gelten viele Reiseländer als sicher, und abgesehen davon kann man in verschiedenen Punkten vorbeugen, damit man erst gar nicht in eine unangenehme Situation kommt. Mit den nachstehenden Tipps möchte ich dir keine Angst machen, sondern einfach alle Eventualitäten durchgehen, damit du ein breites Spektrum an Selbstschutzmöglichkeiten hast. Vieles davon wirst du nicht oder nie brauchen, aber allein das Wissen darum macht meiner Meinung nach Sinn.

- Wir sind mit unglaublich sensiblen Sinnen ausgestattet, die wir uns hier sehr gut zu Nutze machen können. Mit deinen Augen kannst du immer dezent die Umgebung abtasten. Wenn dir jemand in deiner Nähe komisch vorkommt, bleibe an einem Schaufenster stehen und sehe dich ganz zufällig noch mal nach ihm um. Wenn du das Gefühl hast, dass dich jemand beobachtet oder dir schlimmstenfalls folgen sollte, suche schnellstmöglich andere Menschen oder Örtlichkeiten auf, zum Beispiel Geschäfte. Gleiches gilt für die Ohren. Ich trage beispielsweise im Wald oder im Reiseland nie Kopfhörer, weil ich dadurch eventuell für mich wichtige Geräusche nicht mitbekommen würde. Oder manchmal gehen Menschen sehr nah hinter mir her, wonach ich sofort ausweiche und/oder aus einem vermeintlichen Grund stehen bleibe. Ich wühle dann in meiner Tasche oder schaue auf einen (nicht vorhandenen) Schmutzfleck auf meiner Hose. Unterwegs ist es daher manchmal sinnvoll, einen Taschenalarm dabeizuhaben, um im Notfall andere auf sich aufmerksam zu machen. Wichtig ist hierbei: Du darfst laut sein, schreien und auch sonst alles machen, was dir vielleicht sonst peinlich wäre. Es geht um deine Sicherheit und da ist es völlig egal, ob sich jemand möglicherweise lustig über dich machen könnte.

- Nutze deine Körpersprache und Intelligenz! Deine Denkweise und dein Auftreten sind von enormer Wichtigkeit, denn was du denkst, strahlst du auch aus. Ein selbstbewusstes Auftreten ist daher von großer Bedeutung. Selbst, wenn du dich mal nicht so selbstsicher fühlen solltest, kannst du hier wunderbar schauspielern. Sei kurz angebunden und zeige dich genervt, wenn dir jemand ungewollt ein zu langes Gespräch aufzwingt. Sei dominant, wenn du das Gefühl hast, dass dich ein Taxi- oder Tuk-Tuk-Fahrer übers Ohr hauen will. Stell dich dumm, wenn dir ein lästiger Verkäufer etwas verkaufen möchte. Lege dein Handy ans Ohr und täusche ein Telefonat vor, wenn jemand auf dich zukommt, mit dem du nicht reden möchtest. Sei dir bewusst: Du darfst hier alles in Betracht ziehen, das dich von nervigen oder unnötigen Situationen erlöst!

- Bestimmt kennst du den Spruch »Gelegenheit macht Diebe«. Je weniger kostspielige Dinge du offen trägst oder überhaupt dabeihast, umso geringer die Gefahr, dass dir jemand etwas wegnehmen kann. Das gilt nicht nur draußen auf der Straße oder am Strand, sondern ebenso in Verkehrsmitteln oder in der Unterkunft. Die Uhr und teuren Schmuck lässt du je nach Reiseland vielleicht besser gleich zu Hause. Viele verwenden auf ihrer Reise einen Hüftgurt, in dem sie wichtige Dokumente wie Pass, Geld und Kreditkarte verstauen. Für die Kamera gibt es sogenannte Inlets, die man in den Rucksack oder in die Tasche einlegen kann. Wenn dein Hotelzimmer keinen Safe hat, kannst du deinen Pass auch an der Rezeption abgeben – nur leider besteht hier die Gefahr, ihn bei der Abreise dort zu vergessen. In unsichereren Ländern sollte man sich überlegen, ein altes oder billiges Zweithandy mitzunehmen, damit das teure Smartphone keine Aufmerksamkeit auf sich ziehen kann.

- Am besten ist es, wenn du dein Geld auf unterschiedliche Stellen verteilst. So kannst du zum Beispiel größere Beträge und die Kreditkarte im Hüftgurt aufbewahren und nur ein paar Geldscheine und Münzen im Portemonnaie haben. Wenn du zwei Kreditkarten haben solltest, kannst du sie ebenso verteilen. Beim Tausch von Währungen im Reiseland schadet es manchmal nicht, sich vor der Auszahlung die Umrechnung auf einer Währungs-App im Smartphone anzeigen zu lassen (zum Beispiel *Easy Currency*). Lass deine Kreditkarte nie aus den Augen. Sollte sie einmal im Geldautomaten stecken bleiben oder eingezogen werden, muss der Verlust umgehend telefonisch bei der Bank und/oder dem Kreditkarteninstitut gemeldet werden, um missbräuchliche Abhebungen zu vermeiden. Es gibt hier auch einen zentralen Sperrruf: +49 116 116. Um jetzt an Geld zu kommen, wird man einige trickreiche Wege nutzen müssen, denn bis eine meist kostenpflichtige Ersatzkarte im Reiseland angekommen ist, vergehen in der Regel einige Tage. Für die Buchung von Unterkünften kann man zum Beispiel einen *Paypal*-Account mit hinterlegter Bankverbindung nutzen. Oder alternativ vertrauenswürdigen Mitreisenden Geld überweisen und diese Person zahlt den Betrag dann über ihre Kreditkarte aus. Solltest du von einem Kreditkartenbetrug betroffen sein, zum Beispiel durch sogenanntes Skimming (Auslesen deines Magnetstreifens während der Abbuchung), solltest du das umgehend deiner Bank melden. Achte daher unbedingt auf deine Kreditkartenabrechnungen; einen Missbrauch musst du in der Regel zwischen vier und sechs Wochen nach Vorlage deiner Abrechnung melden. Mir ist das inzwischen drei Mal in Mittel- und Südamerika passiert, daher kann ich dir den Doublecheck deiner Abbuchungen nur empfehlen. Abschließend möchte ich zum Thema Geld nochmals loswerden: Es handelt sich nur um Papier! Wenn dich jemand bedrohen sollte und dein Geld, dein Handy oder sonst was von dir haben möchte, gib es ihm lieber, bevor du dich oder deine Gesundheit in Gefahr bringst.

Sicherheitswarnungen

Bereits bei der Wahl deines Reiseziels hältst du am besten Ausschau danach, ob Sicherheitsrisiken im Land deiner Wahl bestehen. Das betrifft sowohl mögliche Terrorwarnungen als auch Gefahr durch Naturkatastrophen. Beispielsweise sind Gebiete wie Mexiko, Zentralamerika, die Karibik und die südlichen Bundesstaaten der USA durch die Wirbelsturmsaison von Juni bis Ende November eher als ungünstig einzustufen. Manche Länder empfehlen auch, sich in eine Krisenvorsorgeliste einzutragen; Hinweise dazu findest du auf der Internetseite des Auswärtigen Amtes unter den Länderinfos oder in deinem Reiseführer. Falls du dich im unwahrscheinlichen Fall zum Zeitpunkt eines Anschlages oder einer Naturkatastrophe in der betreffenden Region oder Stadt befinden solltest, kannst du auf Facebook mittels »Safety-Check« deine Familie und Freunde darauf hinweisen, dass du wohlauf bist.

MÄNNER – DO'S UND DONT'S

Du wirst sie in zahlreicher Form auf Reisen kennenlernen: Als Mitreisende, Zimmernachbarn, Guides, Taxifahrer, Hotelpersonal, Kellner und viele weitere. Die meisten Kontakte sind oberflächlich, andere sind mit näherem Kennenlernen verbunden, und mit dem einen oder anderen Mann möchtest du vielleicht sogar noch mehr Zeit verbringen. Auf Reisen ist es da nicht anders als im normalen Alltag zu Hause: Es gibt wirklich nette und inspirierende Männer und dann leider auch diejenigen, deren Gesellschaft man sich sparen kann. Mit Letzteren heißt es umzugehen lernen, und da ist jede neue Erkenntnis ein weiterer Schritt zur eigenen Stärke, wie ich festgestellt habe. Die folgenden Tipps resultieren aus meiner langjährigen persönlichen Erfahrung.

Nicht zu schnell Vertrauen schenken!

Da ist jemand wahnsinnig nett, freundlich, höflich, zuvorkommend und macht tolle Komplimente, und am liebsten würde man nur noch dahinschmelzen und glücklich sein. Manchmal ist das sehr Angenehme und Vertrauensvolle jedoch nur ein Vorwand, um an ein bestimmtes Ziel zu kommen, zum Beispiel durch eine Einladung oder Sex. In manchen Ländern gilt eine deutsche Freundin als Statussymbol oder auch als Chance auf ein besseres Leben. Daher möchte ich besonders Alleinreise-Newbies empfehlen, vor allem das intimere Zusammensein nicht zu naiv anzugehen. Leider kann man Menschen generell immer nur bis vor den Kopf gucken und auch ein gutes Bauchgefühl muss kein Indikator sein. Es schadet also nicht, vorsichtig oder etwas defensiver zu sein. Ich gebe zum Beispiel nie meine Telefonnummer heraus, sondern lasse mir die des anderen geben und nehme selbst Kontakt auf, wenn mir danach ist. In manchen Ländern können einheimische Männer extrem hartnäckig und irgendwann nervig sein, und das kann man mit dieser Methode sehr gut umgehen. Und ganz wichtig: Wenn du bei einem Mann von Vornherein kein gutes Bauchgefühl hast – Grenzen setzen!

Immer Plan B im Hinterkopf haben!

Wenn du etwas mit jemandem unternehmen möchtest, etwa Ausgehen oder eine gemeinsame Tour, spiele das Ganze vorher locker in Gedanken durch. Weißt du, wie du notfalls allein zurück zu deiner Unterkunft kommst? Hast du genug Geld dabei, dein Handy und Adresse sowie Telefonnummer von deinem Hotel? Hierbei geht es nicht darum, sich selbst verrückt zu machen, sondern einfach nur die Sicherheitsparameter darauf auszurichten, dass man für alle Fälle gewappnet ist – dann fühlt man sich einfach besser!

Nicht vergessen: Du bist der Boss!

Nein sagen kann in manchen Situationen schwerfallen und nicht selten macht man am Ende vielleicht etwas, das gar nicht gewollt war. Ein Tuk-Tuk-Fahrer fährt plötzlich in eine andere Richtung, weil er dir gern seine Familie vorstellen möchte, wo man aber bestenfalls nur Geld spenden soll. Oder der Guide fragt mit einem Dackelblick, ob man die Nacht nicht in seinem Zelt verbringen wolle, wodurch es dann weniger kalt wäre. Unsere Höflichkeit und gute Erziehung wird hier gern getestet oder sogar ausgereizt, und in allen Fällen solltest du dich daher immer fragen: »Will ICH das?« und danach entscheiden. Du musst dich vor niemandem rechtfertigen, zum Beispiel warum du den Umweg nicht fahren oder in deinem eigenen Zelt schlafen möchtest. Jeder hat deinen Wunsch zu respektieren – Punkt!

Du darfst lügen!

Wenn ich das schreibe, fühle ich mich selbst schon unwohl, aber hier geht es um deinen eigenen Schutz, und dafür ist jedes Mittel recht! Wenn ein Mann dir gegenüber aufdringlich wird, erfinde eine Geschichte. Dein Freund ist krank und wartet schon im Hotel auf dich. Dein Mann konnte nicht mit auf die Reise kommen, weil er beruflich kurz vorher einen großen Auftrag bekommen hat. Du bist gerade verlobt, schwanger oder was auch immer dir gerade hilft, den Mann loszuwerden – sei die größte Schauspielerin! Der Fantasie ihren Lauf zu lassen, kann manchmal sogar Spaß machen, zumindest wenn das Gegenüber nicht gefährlich ist, sondern einfach nur anstrengend. Manche Frauen nehmen zum Beispiel in afrikanische Länder einen Ehering mit, um schon im Vorfeld unangenehmen Fragen aus dem Weg zu gehen. Ein häufig angewandtes Mittel ist auch, einen eingehenden Anruf vorzutäuschen, in dem man mit der imaginären Person am Telefon im Beisein des lästigen Mannes alles Notwendige austauscht, um sich aus der Affäre zu ziehen.

Tinder

Diese App kannst du als Kontaktbörse überall auf der Welt verwenden. Sobald du im Reiseland online bist, werden dir mögliche Kontakte in deiner Nähe angezeigt. Wie auch über *Couchsurfing*, wo sich manche Mitglieder für ein Treffen auf einen Kaffee anbieten, kannst du hier nach männlichen oder weiblichen Kontakten suchen. Damit du auf der sicheren Seite bist und bleibst, empfehle ich dir zunächst ein Treffen in der Öffentlichkeit, etwa in einem gut besuchten Café. Hiernach kannst du immer noch entscheiden, wie es weitergeht, ob ihr Nummern austauscht, euch wiederseht und so weiter. Manchmal kann so ein Treffen sehr nett sein. Wenn sich dein »Match« schon länger in der Stadt oder in dem Land aufhält, bekommst du vielleicht noch einen ganz anderen Einblick, und das in angenehmer Gesellschaft.

Aufgepasst!

Neben einer allgemein vorsichtigen Haltung gegenüber neuen männlichen Kontakten beachte auch:

- Lass dein Getränk in der Bar nicht unbeaufsichtigt. Wenn ich unsicher bin, bestelle ich zum Beispiel ein Bier in der Flasche. Die Wahrscheinlichkeit, dass jemand K.-o.-Tropfen in dein Getränk mixt, halte ich zwar für gering, aber Vorsicht ist bekanntlich besser als Nachsicht.
- An Stränden wird man von Männern (zum Beispiel Verkäufern) gern wiederholt gefragt, in welchem Hotel man wohnt. Hier habe ich im-

mer den Namen eines anderen Hotels parat, damit dieser Typ mir nicht nachstellen kann.

- Immer mal wieder hört man, dass die Übernachtung bei einem männlichen Host – etwa über *Couchsurfing* oder *AirBnb* – unangenehm war, weil sich der werte Herr eine Art Gegenleistung erhofft hat. Achte daher darauf, dass du dein Zimmer abschließen kannst und eventuell auch einen rutschfesten Türkeil dabei hast. Die sicherste Variante ist natürlich, von Vornherein einen weiblichen Host zu wählen.
- Wenn dir jemand auf der Straße etwas verkaufen oder zeigen möchte und dich bittet, ihm irgendwohin zu folgen – lass es! Das kann vollkommen harmlos sein, aber auch sehr gefährlich.
- Keine Drogen nehmen.

Kondome verwenden!

Nicht nur vor dem Hintergrund einer ungewollten Schwangerschaft, sondern insbesondere der Gesundheit zuliebe sollte man darauf keinesfalls verzichten. Auch, wenn Aids und HIV in den Medien etwas in den Hintergrund gerückt sind, besteht dennoch die Gefahr einer Ansteckung. Wenn man mit einem vollkommen fremden Mann zusammen ist, wird man selbst nach ein paar Tagen keinen Einblick in sein persönliches Sexleben erhalten, und mir wäre es das Risiko einer Ansteckung mit Krankheitserregern verschiedenster Art nicht wert. Wenn kein Kondom in greifbarer Nähe ist, kann man sich ja auch durchaus ohne den Akt an sich vergnügen – ich hoffe, du weißt, was ich meine.

NAVIGIEREN AUF REISEN

Besonders vor der ersten Alleinreise wirst du dir vielleicht Gedanken darüber machen, wie und ob du einfach und sicher von A nach B kommen wirst. Während dies noch vor einigen Jahren mit Landkarte in der Hand und teilweise ohne Internet oder Wi-Fi tatsächlich noch eine Herausforderung war, ist das heute viel einfacher. Alles, was du im Grunde brauchst, ist dein Smartphone mit einer Online- und Offline-Karten-App und deinen Reiseführer, der dir Routen und gute Plätze empfiehlt.

Mittlerweile haben viele Mobilfunktarife ein gewisses Datenvolumen im europäischen Ausland inkludiert, wodurch du zum Beispiel mithilfe von *Google Maps* überall unproblematisch dein neues Ziel anvisieren und sicher zu Fuß oder mit dem Auto dorthin gelangen kannst. Im außereuropäischen Ausland kannst du eventuell Datenvolumen über deinen Tarif hinzubuchen (leider meist recht kostspielig) oder eine Prepaidkarte im Reiseland kaufen. Mit Karten-Apps wie maps.me lässt sich sogar offline navigieren. Achtung: Eine laufende Navigation verbraucht eine Menge Akkuleistung! Hier lohnt sich unter Umständen die Mitnahme einer USB-Power-Bank zum Wiederaufladen. Eine wichtige Information wäre vielleicht noch, dass ein GPS-Signal auch ohne Internet immer auf einer Karte angezeigt wird. Du kannst also jederzeit sehen, wo du dich gerade befindest, mit und ohne Internet. Solltest du dich dennoch unsicher fühlen, dann kannst du natürlich für den Notfall auch eine richtige Karte mitnehmen.

Städtetrip: Bist du nur für ein Wochenende oder mehrere Tage an einem Ort, kannst du dich nach Lust und Laune treiben lassen. Die Geschmäcker sind hierbei unterschiedlich: Die eine liebt es, sich zu Fuß in der Stadt zu verlieren, die andere fährt gern mit einem Leihfahrrad durch die Gegend und wiederum eine andere bevorzugt öffentliche Verkehrsmittel, um wie eine Einheimische von Viertel zu Viertel zu fahren. Wenn du dein Smartphone dabei hast und Online- oder Offline-Karten-Apps einschaltest, hast du meist die Wahl zwischen Fußgänger, Bus-, Bahn- oder Autofahrt. Du kannst dir also jederzeit den Weg zu deinem Ziel und per GPS anzeigen lassen, wo du dich gerade befindest. Nimm am besten eine Visitenkarte von deiner Unterkunft mit, damit du dich im Fall eines Falles von einem Taxi zurückbringen lassen kannst. In Taxen lasse ich übrigens oft die Navigation mitlaufen, damit der Fahrer mich nicht übers Ohr haut und eine längere Strecke als nötig fährt. In größeren Städten gibt es den Hopon-Hopoff-Bus – oft als Doppeldecker in poppigen Farben von Weitem erkennbar –, der in regelmäßigen Abständen die Sightseeing-Spots der Stadt abfährt, und das meist in mehreren Routen. Mit einem Tages- oder Zwei-Tages-Ticket kann man nach Lust und Laune ein- und aussteigen. Das ist natürlich eine sehr touristische Wahl, aber dennoch bequem und sicher.

Rundreise: In den westlich geprägten Ländern mit guter Infrastruktur kommst du meist mit Zug, Fernbussen oder anderen öffentlichen Verkehrsmitteln sehr gut von einem zum anderen Ort. In vielen Entwicklungsländern oder auch auf manchen Inseln wirst du möglicherweise improvisieren müssen, was aber wiederum viel Freude machen kann. In manchen Reiseführern, wie etwa dem *Lonely Planet*, gibt es für nahezu jeden größeren Ort eine Rubrik wie »Getting there and away«, die bei einer Rundreise sehr hilfreich sein kann, zumal es auch Anhaltspunkte für die Preisgestaltung gibt. Manchmal ist es auch möglich, einen mehrtägigen Ausflug zu integrieren, indem man sich an einem anderen Ort zum Abschluss der Tour absetzen lässt. Solltest du nur wenig Zeit zur Verfügung haben, empfehle ich dir bereits im Vorfeld eine genauere Recherche und Routenplanung, welche Orte du sehen möchtest und wie sie am besten zu erreichen sind. Je mehr Zeit du hast, umso flexibler kannst du natürlich auch die Route und Verkehrsmittel planen. Weitere Anhaltspunkte dazu findest du im Kapitel *Fern- und Rundreisen*.

Auto: Das Navigationssystem im Auto oder Handy ist hier superwichtig und lässt dich eigentlich fast überall wie ein Profi oder Einheimischer fahren. Wenn du mit Datenroaming oder Prepaidkarte des Landes ständig online sein kannst, ist das Fahren am leichtesten. Ansonsten brauchst du dir mit der Offline-Karten-App auch keine Sorgen zu machen, sicher an dein Ziel zu gelangen. Ich empfehle dir eine Saugnapf-Halterung für die Windschutzscheibe, sofern du dein Mobiltelefon nutzen möchtest. Auch ein USB-Ladekabel für den Zigarettenanzünder ist sinnvoll, weil die laufende App sehr viel Akkuleistung verbraucht. Das Navi führt einen manchmal auf verrückte Straßen und Wege, ein anderes Mal wird man in einer Sackgasse enden oder sich verfahren, aber das macht das Ganze eigentlich erst spannend, wild und aufregend – ich liebe es jedenfalls! Vor meinem ersten Mal Linksverkehr hatte ich ehrlich gesagt ziemlich Bammel, musste im Nachhinein aber feststellen, dass mir die Umstellung zurück in den Rechtsverkehr mehr Probleme gemacht hat. Aber alles halb so wild. Gleiches gilt für das Fahren in ein großes Fährschiff: Man muss nur den Anweisungen der Wärter folgen und parkt irgendwann wie in einem Parkhaus an einer ebenfalls fest angegebe-

nen Stelle, da kann man absolut nichts falsch machen. Etwas unge-
wohnt, aber wichtig ist übrigens in manchen Ländern die Lichtpflicht
auch tagsüber. Tankstellen sind in manchen Ländern beziehungsweise
außerhalb regulärer Öffnungszeiten nur mit Kreditkarte oder Bargeld am
Automaten zu bedienen. Das ist anfangs etwas knifflig, aber man gewöhnt sich schnell daran.

Wohnmobil: Bei dieser besonderen Art zu reisen hat man persönliche
Dinge immer dabei und zugleich ein Dach über dem Kopf, kann überall anhalten, einen Stuhl rausstellen, kochen und jederzeit alles selbst
entscheiden. Eine großartige Form der Freiheit, wie ich finde. Da Vanlife immer populärer wird, und außerdem umweltschonender ist als
das Flugzeug, habe ich im Kapitel *Roadtrips durch Europa* jede Menge
Inspiration, Reiseziele und Routen für Trips mit dem Camper gepackt.
Viele kaufen sich heute einen Kombi und bauen ihn mit einfachen Mit-
teln selbst aus; andere nehmen ein gebrauchtes, älteres Modell (zum
Beispiel einen VW T4) und nutzen diesen Wagen dann auch im Alltag.
Ich selbst besitze einen fast 30 Jahre alten VW T3, der allerdings recht
teuer im Unterhalt ist, wenn man es mal auf das ganze Jahr umrechnet.
Zwar ist er nur angemeldet, wenn ich unterwegs bin, aber die monatliche Miete zum Unterstellen, für Reparaturen und Instandsetzung fallen
natürlich trotzdem an. Günstiger und kostenmäßig überschaubarer für
solch ein Vergnügen ist zum Beispiel das Anmieten eines Campers über
eine private Vermittlungsplattform. Allerdings musst du bei dieser Variante für Miete, Sprit, Verpflegung und möglicherweise noch die Übernachtung auf einem Camping- oder Stellplatz mit mindestens 90 Euro
pro Tag rechnen.

SECRET PLACES

Eine Reise sollte stets etwas Besonderes sein! Wie aber findet man die Hotspots eines Ortes, die vielleicht nicht in jedem Reiseführer stehen? Reiseguides und Blogs sind nicht immer aktuell oder haben vielleicht das stylishe, neue Café noch nicht entdeckt, oder dir gefällt etwas Spezielles, das du in Büchern oder online nicht auf Anhieb findest. Vielleicht bist du auch gerade mit dem Auto an einem schönen Fleckchen Erde und möchtest wissen, was es in deiner Umgebung zu sehen gibt? Für diesen Fall stelle ich dir vier Apps vor, die deine Reise durch eine Menge Insider-Power-Wissen pimpen können – Vorrausetzung ist natürlich Internetzugang.

- **Instagram**: Bilder sagen mehr als tausend Worte! Lade dir die App herunter und lege dir einen Account an, klicke oben in die Suchfunktion und wähle dann die Pin auf der rechten Seite aus. Mit der Funktion »In der Nähe des aktuellen Standorts« findest eine Menge Restaurants und Locations, die du dir genauer anschauen kannst. Alternativ gib in der Suche einfach ein Hashtag ein und lass dich von dem Ergebnis inspirieren. Aufgrund der extrem hohen angebotenen Fotoanzahl empfiehlt es sich, ein Ziel möglichst genau anzugeben: Also anstelle »#New York« vielleicht besser den gewünschten Stadtteil »#Brooklyn« oder eine Sehenswürdigkeit, die in der Nähe liegt.
- **Pinterest**: Die App ist auf Reisen und eigentlich auch bereits bei der Planung Gold wert. Einfach einen Account anlegen, in der Leiste auf »Entdecken« klicken und Suchbegriff eingeben. Hiernach wird man mit einer tollen Auswahl ästhetischer Fotos und verschiedener Blog-

artikel bombardiert, die bei der Planung weiterer Ziele und Sightseeing-Spots extrem hilfreich sein können. Pinterest kann auch auf dem Laptop über die Login-Daten per Email-Adresse und Passwort genutzt werden.

- **Google Maps:** Die Navigations-App des Kartendienstes hat ihre Funktionen deutlich erweitert und zeigt mittlerweile ein großes Spektrum an Restaurants, Cafés, Bars, Apotheken, Geldautomaten, Tankstellen und Supermärkten in deiner aktuellen Umgebung an. Nach dem Anklicken einer Kategorie kann man dann auch das Rating und die Bewertungen einsehen. Superpraktisch, wenn man gerade ohne Reiseführer unterwegs ist.

- **AroundMe:** Eine sinnvolle Funktion dieser App ist die Umkreissuche. Sie wirft eine Liste mit kurzen, prägnanten Informationen zu allen in der Nähe befindlichen Stadtteilen mit Sehenswürdigkeiten aus. Auch Wälder, Friedhöfe und Naturparks werden erwähnt, was bei Reiseführern oftmals nicht der Fall ist und daher besonders für Natur- und Waldliebhaber eine gute Ergänzung darstellt.

ESSEN UND TRINKEN

Neue Gerichte, Früchte, Gemüse, Säfte und Smoothies auszuprobieren ist eines der tollsten und manchmal sogar aufregendsten Bestandteile des Reisens. Besonders die Kokosnuss am Strand oder ein Cocktail aus frischen Früchten bleiben einem meist noch lange in sehnsüchtiger Erinnerung. Hier findest du viele praktische Tipps für die Ernährung auf Reisen.

Peel it, boil it, cook it – or forget it!

Besonders in ärmeren, tropischen und subtropischen Ländern kann man nicht immer von sauberem Trinkwasser ausgehen. Wenn Bakterien oder auch Viren aus dem Wasser in Getränke oder Gerichte gelangen, kann das zu Durchfall oder Schlimmerem führen. Solltest du hier in einfachen Restaurants oder Garküchen essen, verzichte möglichst auf Eiswürfel und ungekochte oder ungeschälte Nahrungsmittel. In manchen Ländern wird beim Transport schon mal die Kühlkette unterbrochen, weshalb auch der Verzehr von Milch, Fleisch und anderen Lebensmitteln problematisch werden könnte. Manchmal hat man es auch trotz bester Prophylaxe einfach nicht selbst in der Hand, und da helfen nur Durchfall-Medikamente. Je nach Schweregrad und Dauer der Folgeerscheinungen ist der Besuch eines Arztes notwendig, um den Elektrolyt-, Zucker- und Flüssigkeitsverlust wieder auszugleichen und ein Medikament zur Bekämpfung der Bakterien und Viren einzunehmen. Von einer Selbsttherapie mit Antibiotika würde ich eher abraten und lieber den Arzt oder das Krankenhaus vor Ort befragen.

Getränke

Wenn du beim Trinkwasser in diesbezüglich problematischen Ländern auf Nummer sicher gehen möchtest, kaufe dir eine Flasche im Supermarkt oder koche das Wasser ab. In manchen Ländern werden Wasserflaschen wieder aufgefüllt und als neu verkauft, zum Beispiel in Nepal oder Indien. Achte daher darauf, ob der Deckel das notwendige Klick-Geräusch macht. Gleiches gilt für alkoholische Getränke. Mit einem Bier aus der Flasche, von der du den Deckel selbst abnimmst oder dabei zusehen kannst, gehst du das geringste Risiko ein. Die Mägen sind da sehr unterschiedlich, manche sind extrem empfindlich, andere Menschen können wiederum alles problemlos trinken und essen. Ob du dazugehörst, kannst du nur selbst herausfinden.

Lokales Essen

Nationalgerichte und spezielle Snacks des Landes solltest du auf jeden Fall probieren. Sei ruhig neugierig und teste die ungewöhnliche Vielfalt neuer und spezieller Köstlichkeiten. Gerade in asiatischen, mittel- und südamerikanischen Ländern wirst du viele Gerichte lieben lernen. Entscheide dich am besten immer für lokale oder familiengeführte Restaurants. Damit unterstützt du die Einheimischen und bekommst im Gegenzug meist sehr gutes und mit viel Liebe gekochtes Essen. Gute Restaurant-Empfehlungen bekommst du über Blogs, deinen Reiseführer, *TripAdvisor*, die App *Foursquare* oder einfach Google Maps.

Vegetarisch

Gerichte ohne Fleisch und Fisch gibt es erfreulicherweise durch die wachsende Tendenz vegetarisch und vegan lebender Menschen eigentlich überall. Die Suche danach stellt nach meiner Erfahrung keine größeren Probleme dar. Also muss man nicht zwingend nach vegetarischen Restaurants Ausschau halten, sondern findet eigentlich überall eine Suppe, Salate, Nudel- oder Gemüsegerichte. Auch die meisten Fluggesellschaften bieten auf Langstrecken mindestens eine vegetarische Option an, die allerdings im Voraus gebucht werden sollte. Wenn es nicht ganz so günstig sein muss, sind die Portale *veggie-hotels.de* und *goodtravel.de* eine gute Inspirationsquelle für Unterkünfte, in denen man gutes Wohnen mit vegetarischem Essen kombinieren kann.

Vegan

Hier wird die Restaurantsuche möglicherweise ein bisschen kniffliger, aber ich persönlich bin optimistisch, dass sich das in Zukunft immer weiter verbessern wird. In vielen Großstädten ist es etwas einfacher, in Supermärkten vegane Produkte zu finden. Populäre Städte mit einem guten Angebot sind Berlin, London, New York, San Francisco, Los Angeles, Hongkong, Warschau, Tel Aviv und Portland. Länder, in denen es tendenziell unproblematisch sein wird, sich vegan zu ernähren, sind Thailand, Indien, Israel, Ägypten, Kanada, Singapur, Malaysia, China, Japan, Italien und noch viele weitere mehr. In verschiedenen asiatischen Ländern ist die Verwendung von Milchprodukten nicht üblich, weshalb es dort ohnehin einfacher sein wird. Wenn du mit dem Auto oder Camper reisen solltest, kannst du vor der Reise alle notwendigen und bevorzugten Nahrungsmittel einkaufen und mitnehmen. So handhabe ich es bei meinen Touren als Veganerin und habe damit sehr gute Erfahrungen gemacht.

UMWELTBEWUSST UNTERWEGS

Immer häufiger werden wir heute durch die Medien auf die Auswirkungen des Klimawandels hingewiesen und zudem ist mehr und mehr unsere Empathie gefragt. Weniger mit dem erhobenen Zeigefinger als mit einem großen Herzen für Umwelt, Mensch und Tiere möchte ich hier über einige Dinge schreiben, die ich selbst gern früher in Reiseführern gelesen hätte. Wir können einiges tun, um den eigenen ökologischen Fußabdruck zu verringern, Mitmenschen auf Augenhöhe zu begegnen und Tiere respektvoll zu behandeln. Wahrscheinlich schafft man es nie in allen Bereichen, sich hundert Prozent richtig zu verhalten, aber allein ein erweitertes Bewusstsein und ein achtsamerer Umgang auf Reisen können schon viel bewirken. Solltest du der Ansicht sein, dass das Verhalten eines Einzelnen nichts verändern wird, möchte ich hier ein Zitat des Dalai Lama anbringen: »Falls du glaubst, dass du zu klein bist, um etwas zu bewirken, dann versuche mal zu schlafen, wenn eine Mücke im Raum ist.« Und nun ein Überblick über die Themen, bei denen man selbst die Stellschrauben ein wenig bewegen kann.

Flugreisen

Würde die ganze Weltbevölkerung so leben und wirtschaften wie die Bevölkerung in Deutschland, dann bräuchten wir jährlich drei Erden, um uns zu versorgen – sagen Experten heute. Wohnen (Heizen, Strom), Verkehrsmittel (Autofahren, Fliegen), Nahrungsmittel (zum Beispiel tierische Produkte) und Konsumverhalten können das klimaverträgliche Jahresbudget je nach Lebensstandard deutlich übersteigen. Um die voranschreitende Erderwärmung in verträglichen Grenzen zu halten, wurde ein durchschnittlicher Verbrauch von maximal 2300 Kilogramm CO_2 jährlich pro Person errechnet. Bei einem Hin- und Rückflug Deutschland/Bangkok werden bereits 6200 Kilogramm CO_2 erzeugt, womit allein schon das persönliche Jahresbudget um das mehr als 2,5-Fache überschritten wird. Diesen Zahlen zufolge dürfte man eigentlich gar nicht mehr fliegen. Da das allerdings meiner Meinung nach unrealistisch ist, möchte ich dir ans Herz legen, Flüge bewusst auszuwählen. Vielleicht muss es nicht unbedingt die kurze Strecke mit dem Flugzeug sein, die du eigentlich auch per Bus, Bahn oder Zug bewältigen könntest. Oder gibt es möglicherweise eine Alternative zu der weiten Fernreise für nur wenige Tage? Ich fliege inzwischen nur noch ein oder zwei Mal pro Jahr und das in der Regel beruflich. Alle anderen Reisen finden per Auto oder Zug statt. Ansonsten gibt es auch noch die Möglichkeit, flugbedingte Emissionen finanziell zu kompensieren, indem man etwas an eine Organisation für Klimaprojekte spendet (zum Beispiel *Atmosfair*).

Unterkünfte

Eine familiär geführte Unterkunft ist meist die bessere Wahl als ein Zimmer einer großen Hotelkette. Privatunterkünfte und -zimmer erfreuen sich einer immer größeren Beliebtheit und sind meines Erachtens eine bessere Alternative als das anonyme Hotel, zumal man in direktem Kontakt mit Einheimischen steht und gleich viele Tipps und Ratschläge aus erster Hand erhält. Homestays sind ebenfalls eine schöne und authentische Erfahrung, die gerade in Entwicklungsländern empfehlenswert ist. Sie bieten einen noch intensiveren Einblick in das reale Leben der Einheimischen und bringen einem die Kultur des jeweiligen Landes näher. Hier und auch in jeder anderen Unterkunft gilt es, den Verbrauch von Wasser und Strom in Maßen zu halten. Daher sollten Klimaanlage, Ventilator, Licht und sonstige Elektrogeräte immer ausgeschaltet sein, wenn man nicht im Zimmer ist. Unabhängig davon, dass der Gebrauch von Klimaanlagen schädlich für die Gesundheit ist, kann man meines Erachtens in den meisten Ländern auch problemlos ohne leben, was ebenso für das Auto gilt. Auch den unbenutzten Kühlschrank kann man ausschalten. Richtiges oder besseres ökologisches Verhalten im Reiseland ist oft in Eco-Resorts erlernbar. Leider sind sie meist nicht ganz günstig.

Wasserverbrauch

Eigentlich kaum zu glauben, aber Trinkwasser ist ein rares Gut: Nur ein Prozent der Wasservorräte weltweit ist als Trinkwasser nutzbar, und das leider nicht gleichmäßig über den Globus verteilt. Während in vielen Ländern 20 Liter Verbrauch pro Tag normal sind, nutzen beispielsweise Europäer und Amerikaner im Schnitt 200 bis 400 Liter pro Tag. Insbesondere auf Inseln solltest du darauf achten, so wenig Wasser wie möglich zu verbrauchen. Dusche und Toilettenspülung machen bereits einen großen Teil des täglichen Verbrauchs aus. In Ländern mit hohen Temperaturen oder extremer Luftfeuchtigkeit neigt man schon mal dazu, sich gleich zwei oder drei Mal am Tag unter die Dusche zu stellen. Hierbei sollte allerdings ein kurzes Abduschen ausreichen. Ein weiterer wichtiger Aspekt ist das Thema Handtücher und Bettwäsche. Viele Hotelgäste wünschen sich täglich frische Handtücher und sogar Bettlaken, obwohl dies im eigenen Haushalt völlig unüblich ist. In Hotels gilt meist die Regel, dass auf dem Boden liegende Handtücher ausgewechselt werden sollen. Um die Waschmaschinen zu entlasten, kannst du dein Handtuch daher einfach aufhängen. Deine eigenen Sachen kannst du zudem sehr einfach mit der Hand im Waschbecken (mit Stöpsel) waschen und anschließend auf eine Leine hängen. Das spart Geld und schont die Umwelt.

Müll und Plastiktüten

Als Reisende sollte man so wenig Abfall produzieren wie nur möglich. Im Grunde gilt: Verlasse einen Ort immer so, wie du ihn vorgefunden hast – oder sogar besser. Ein weiterer wichtiger Punkt: Hygieneartikel wie Tampons, Binden, Feuchttücher, Wattestäbchen und -pads, Medikamente, Zahnseide, Kondome, Flüssigkeiten, Haare und so weiter gehören

nie in eine Toilette. Nicht nur, weil manches die Rohre verstopfen könnte, sondern weil vieles davon selbst in den Kläranlagen nicht vollständig
entfernt werden kann, und sich am Ende wieder in dem Leitungswasser
befindet, das wir selbst nutzen. In manchen Ländern ist selbst Toiletten-
Papier in der Toilette nicht erlaubt. Es wird einfach im Mülleimer neben
dem WC entsorgt. Während wir uns zu Hause bemühen, Plastiktüten und
-verpackungen bestmöglich zu vermeiden, hinken manche Länder diesbezüglich stark hinterher. Besonders in Asien und Südamerika werden
Lebensmittel an der Supermarktkasse gleich auf mehrere Plastiktüten
verteilt. Nimm daher am besten für Einkäufe einen kleinen Beutel mit.
Den gibt es faltbar in Kleinstgröße als Schlüsselanhänger, oder packe die
Sachen einfach in deinen Rucksack.

Umgang mit Tieren

Die meisten von uns sind damit aufgewachsen, dass ein Zoobesuch ein
besonderes Ereignis ist. Manch eine möchte daher auf Reisen gern besondere Tiere sehen, kennenlernen oder sogar anfassen, und lokale Anbieter verdienen mit der Erfüllung dieser Bedürfnisse Geld. Nur geht leider
meist beides zum Nachteil der Tiere aus, denn diese werden oft nicht
artgerecht gehalten, nur dürftig gepflegt und in viel zu kleinen Käfigen gehalten. Ob Elefant, Tiger, Krokodil, Hai oder Schlange – alle Attraktionen,
bei denen wilde Tiere in Gefangenschaft gehalten, dressiert oder unter
inakzeptablen Umständen gehalten werden, sollte man meiden. Darum
beachte die Empfehlungen von Tierschützern und Experten.

- Wildtiere in freier Wildbahn weder füttern noch anfassen oder streicheln.

- Bei Touren im Vorfeld fragen, welche Vorstellungen und Besuche vorgesehen sind.
- Nicht in Zoos oder Delfinarien gehen.
- Fotos mit Tigern, deren Babys und anderen Wildkatzen ablehnen. Die meisten Tiere werden täglich unter Medikamente gesetzt, damit sie schlummernd für Fotos zur Verfügung stehen.
- Zirkusvorstellungen mit Elefanten, Tigern oder Bären meiden. Kein Wildtier macht diese Kunststücke gern oder freiwillig.
- Von Aktionen absehen, in denen Wildtiere von ihren natürlichen Verhaltensweisen abgebracht werden, zum Beispiel Haikäfig-Tauchen, Touren mit Fütterung zum Anlocken von Tieren oder Vorstellungen mit Alligatoren.
- Keine Pferdekutschen in lauten Großstädten nutzen.
- Kamele, Pferde und Esel müssen oft in extremer Hitze ohne Wasser stehen und dann Menschen auf ihrem Rücken transportieren, daher darauf verzichten.
- Beim Schnorcheln und Tauchen darauf achten, dass Korallen nicht beschädigt werden.
- Seesterne und andere Meerestiere nicht aus dem Wasser heben – sie können dabei sterben.
- Herkömmliche Sonnencreme bildet ein Öl-Schmierfilm auf dem Wasser, der den Meerestieren und Korallen schadet. Daher am besten biologisch abbaubaren Sonnenschutz verwenden (zum Beispiel von *Lavera*) oder alternativ beim Schnorcheln ein T-Shirt tragen.
- Straßenkünstlern mit Äffchen und Hunden kein Geld geben.
- Einschreiten, wenn Straßenhunde oder -katzen mit Steinen beworfen oder anders misshandelt werden.

Wenn du Tiere liebst, schaue sie dir am besten in freier Wildbahn an. Dort fühlen sie sich am wohlsten und leben so, wie es die Natur für sie vorgesehen hat.

Nahrungsmittel

Essen ist nicht nur ein Grundbedürfnis, sondern insbesondere auf Reisen eines der schönsten Ereignisse am Tag. Gerade in anderen Kulturen reizen fremdartige Gerichte, verlockende Gewürze und kulinarische Experimente. Dazu gehören leider auch manchmal Tiere, die zu den bedrohten Tierarten gehören, und diese solltest du auf jeden Fall vermeiden:

- Roter Thunfisch und Hai,
- Krokodil, Affe und Schildkröte,
- Tiere, die vor dem Verzehr gequält oder sogar lebend gegessen werden.

Wenn du dich im Reiseland selbst verpflegen möchtest, kaufe am besten regionale Produkte. Auch das Essen in der Garküche oder im kleinen Restaurant um die Ecke schmeckt meist wesentlich besser als das der großen Kette; gleichzeitig unterstützt du damit die Einheimischen. Als Profireisende nimmst du von zu Hause bereits prophylaktisch ein Set Besteck für das Essen in der Unterkunft mit, um Einwegartikel zu umgehen. Gleiches gilt für Getränke: Wenn du eine Trinkflasche dabeihast, kannst du den Verbrauch von Plastikflaschen und Dosen reduzieren.

Souvenirs

Viele Reisende möchten gern Erinnerungen aus dem Urlaubsland mit nach Hause nehmen. Problematische Souvenirs sind dabei insbesondere Produkte aus bedrohten Tier- oder Pflanzenarten: Schmuck aus Korallen, Schildpatt, Elfenbein, Muscheln oder Accessoires aus Reptilleder oder Pelz. Manchmal werden uns auch Antiquitäten, Schmuck oder andere Dinge als hochwertig und einzigartig angepriesen, die in Wirklichkeit billige China-Ware sind. Es ist nicht immer ganz einfach zu durchschauen, ob man mit einem Kauf am Ende richtig- oder danebenliegt. Am besten fragt man einen Einheimischen seines Vertrauens nach einer guten Empfehlung. Mit Tier- und Artenschutz kennen sich allerdings selbst die Einheimischen oft nicht aus, weshalb man daher im Zweifel besser die Finger davon lassen sollte.

Sozialer Kontakt mit Einheimischen

Wir sind mit dem großen Privileg ausgestattet, in einem reichen Land mit perfekter Absicherung zu leben. In vielen Ländern der Erde sieht es bedauerlicherweise vollkommen anders aus und das kann sowohl bei der Planung als auch auf Reisen Unsicherheiten hervorrufen. Wie soll ich mit Armut umgehen? Wird mich das nicht wahnsinnig deprimieren? Wie halte ich es mit Trinkgeld? Wie soll ich mich verhalten, wenn mich jemand um Geld oder Essen bittet? Obwohl man mit extremer Armut eher selten direkt konfrontiert wird, muss man sich der Tatsache bewusst sein, dass der Durchschnitt der Bevölkerung in den meisten Entwicklungsländern lediglich einen Bruchteil von dem verdient, was bei uns monatlich auf dem Konto eingeht. Von daher lohnt sich oftmals ein großzügiger Umgang mit Trinkgeld oder sogar eine finanzielle Unterstützung, wenn man der Meinung ist, dass diese Person oder diese Familie es wirklich brauchen kann. Tauche daher ruhig mal in das Leben der Menschen in einem Entwicklungsland ein. Die Erfahrung, dass ärmere Menschen oftmals gar nicht so unglücklich zu sein scheinen, wie man es vielleicht erwarten würde, lässt das eigene Verhältnis zu Geld in einem etwas anderen Licht erscheinen. Es schärft zudem die Sensitivität und das Mitgefühl für sozial schwächere Menschen.

Trinkgeld

Der Umgang mit Trinkgeld wird in fast jedem Land anders geregelt, weshalb es leider keine pauschale Leitlinie für das »Tipping« gibt. Das größte Problem liegt darin, dass viele Touristen aus der Urlaubslaune heraus viel zu viel Trinkgeld geben, nicht auf die Preise der Rechnung achten, oder womöglich noch 10 Prozent obendrauf schlagen, obwohl die Service-Charge bereits im Betrag enthalten war. Wenn Einheimische merken, wie locker das Geld in den Hosentaschen ihrer Gäste zu sitzen scheint, hat das unter Umständen die Konsequenz, dass zum einen die lokalen Preise weiter steigen und zum anderen nervige Betrügereien und langatmige Diskussionen zunehmen. Daher versuche am besten von Anfang an auf folgende Regeln zu achten:

- Sei dir gleich zu Beginn der Reise über den Wert der Währung bewusst; hierfür gibt es Apps, die auch offline nutzbar sind.
- Schaue im Reiseführer nach, wie das mit dem Trinkgeld im Reiseland gehandhabt wird. Wenn zum Beispiel 5 bis 10 Prozent angegeben werden, müssen es nicht immer gleich 10 sein.
- Passe dich dem Land an: Was uns manchmal wenig erscheint, ist im Reiseland vielleicht ein Vermögen. Zahle daher immer nur im Verhält-

nis und nicht das, was aus unserer Sicht in Deutschland oder Europa normal wäre.

- Lasse dich von Taxi- oder Busfahrern nie zeitlich unter Druck setzen. Das ist ein beliebter Trick, um den Preisvergleich zu unterbinden.
- Checke immer die Rechnung und merke dir am besten die Preise auf der Speisekarte. Achte auch auf das Rückgeld.
- Führe in Ländern, in denen Handeln zum Tagesgeschäft gehört, erst mal mehrere Verhandlungen zu einem Produkt und wähle erst dann den Anbieter mit dem besten Preis-Leistungs-Verhältnis.
- Wenn ein Service schlecht war, verzichte auf die Gabe von Trinkgeld. Wer Gutes leistet, sollte das im Positiven ebenso zu spüren bekommen wie jemand, der eine schlechte Leistung erbringt.
- Verhandle auch, wenn du keine Lust dazu hast. Viele wissen, dass wir uns in unserem Urlaub nicht stressen wollen und stellen auf stur, um an ihr Geld zu kommen.
- Gib der Agentur Feedback, wenn eine Tour zu kurz, schlecht oder anders war als versprochen; verlange gegebenenfalls einen Teil des Geldes zurück – der Versuch kostet ja nichts.
- Wenn du betrogen wurdest, solltest du das zum Beispiel in einer Bewertung bei *TripAdvisor* sachlich vortragen. Damit verschonst du auch andere Reisende vor ähnlichen Erfahrungen.

Betteln

Der Umgang mit armen und bettelnden Menschen im Reiseland fällt mir persönlich oft schwer. Man würde vielleicht gern etwas Gutes tun, weiß aber nicht genau wie und ob die bettelnde Person wirklich Hilfe braucht. Man hört immer wieder von Betrügern, die das Betteln als einfache Gelegenheit sehen, um dem Touristen das Geld aus der Tasche zu ziehen, und kann in einem fremden Land die jeweilige Situation nur schwer einschätzen. Worauf du daher achten solltest, wenn du dich engagieren möchtest:

- **Bettelnde Kinder**: Gibt man Kindern Geld, hält es sie möglicherweise davon ab, zur Schule zu gehen. Wenn die Familie andererseits zu arm ist, kann das Kind auch keine Schule besuchen. Daher ist es sinnvoller, eine Spende an ein qualifiziertes Kinderschutzprojekt zu leisten. Man kann auch Hefte und Bleistifte besorgen und in einer Schule abgeben. Der Kauf von Süßigkeiten für Kinder ist nicht zu empfehlen, da das Zähneputzen in vielen Ländern kein Standard ist. Viele Kinder besitzen nicht mal eine Zahnbürste. Ebenso der Bitte nach Kugelschreibern solltest du nicht nachkommen, da viele Kinder die Kugelschreiber-Minen schnüffeln. Daher: So unmenschlich es klingen mag – bettelnden Kindern solltest du in der Regel weder Geld geben noch etwas abkaufen.
- **Waisenhäuser**: In manchen Ländern wird hier ein Geschäft gemacht: Illegale Waisenhäuser nehmen Kinder von der Straße auf oder übernehmen sie von den Eltern und laden Touristen ein, um sich an deren Spenden zu bereichern. Wenn du etwas Gutes tun möchtest, wäre eine Spende an eine Hilfsorganisation sinnvoller.
- **Bettelnde Frauen mit Kindern**: In manchen Ländern wird man häufig von Müttern mit kleinen Kindern auf dem Arm um etwas Milch oder Milchpulver gebeten. Hierbei handelt es sich jedoch nur um einen Vorwand, denn entweder wird das erbettelte Geld nicht für die Milch verwendet oder diese weiterverkauft.

- **Bettler vor Supermärkten**: Ob jemand wirklich hilfsbedürftig ist oder nicht, können wir gar nicht oder nur schwer abschätzen. Auch wissen wir nicht, ob unsere Spende gleich in Alkohol investiert wird und damit sogar kontraproduktiv war. Daher halte ich es immer für eine bessere Alternative, der Person statt Geld etwas Essbares oder eine Flasche Wasser aus dem Supermarkt mitzubringen. Das ist besser als nichts, man hat zur Unterstützung beigetragen und der Einsatz ist kein zu großes Opfer.

- **Kranke und Versehrte**: Jeder kennt den Anblick von Menschen, denen Arme oder Beine fehlen, die an extremen Hautveränderungen oder anderweitigen sichtbaren körperlichen Gebrechen leiden. In den meisten Entwicklungsländern gibt es kein funktionierendes Sozialsystem, das heißt, es existiert keine gesetzliche Krankenversicherung und für eine Behandlung beim Arzt oder im Krankenhaus muss mit Bargeld bezahlt werden. Aus meiner Sicht kann eine kleine Geldspende hier nicht fehl am Platz sein, denn selbst wenn sich diese Person durch das Betteln bereichern würde, hat sie immer noch mit einer schlimmen Beeinträchtigung zu leben und das kann kein Geld der Welt aufwerten.

- **Straßenkünstler**: Es fällt immer leichter, jemandem etwas zu geben, der auch eine Leistung erbringt oder einen Gegenwert anbietet. Weniger angenehm sind dabei wiederum oft die Musiker und Vortragenden, die eine Geldgabe als selbstverständlich erachten. Es gibt dennoch viele tolle Straßenkünstler, und warum nicht ein Souvenir in Form einer CD mitnehmen? Damit unterstützt man jemanden direkt vor Ort und hat gleichzeitig für sich selbst eine schöne Urlaubserinnerung.

Wie bei der Thematik Trinkgeld kommt es generell darauf an, bewusst zu spenden. Je willkürlicher wir unser Geld verteilen, umso mehr wird sich das Betteln als einfache Geldquelle etablieren und macht die Unterscheidung zwischen Notleidendem und Nutznießer für uns immer schwieriger. Und darunter leidet letzten Endes derjenige, der auf Spenden wirklich angewiesen ist. Vorsicht sollte immer geboten sein, wenn uns jemand mit offensiver Gesprächsführung um Geld bittet.

REISEDOKUMENTATION

Persönliche Aufzeichnungen

Am wichtigsten sind natürlich die Erinnerungen im Gedächtnis, aber Fotos und Videos können die manchmal vielleicht verblassenden Gedanken wieder lebendig werden lassen. Ebenso sind eigene Zeilen über die intensiven Gefühle, die man damals empfunden hat, im Nachhinein Gold wert. Ich habe früher unzählige Notizhefte vollgeschrieben, in die ich heute immer noch gern reinschaue und über deren Inhalt ich oft schmunzeln muss. Mal war ich nachdenklich, mal traurig und dann wieder voller Tatendrang. Also es lohnt sich allemal, die Erlebnisse bildlich, auf Papier oder im Laptop festzuhalten! Apropos festhalten: Falls du deine Fotos oder Videos während der Reise nochmals gesondert sichern möchtest, kannst du eine externe Festplatte mitnehmen, am besten mit Passwortschutz, oder online eine Cloud einrichten, zum Beispiel bei *Dropbox*.

Erfahrungen teilen

Wenn du planen solltest, deine Reiseerlebnisse auch für andere bereitzu-stellen, gibt es verschiedene Möglichkeiten. Hier wäre zunächst die Fra-ge, ob du deine Fotos und Erfahrungen nur mit deinen Freunden und Kontakten teilen oder ob du alles gleich öffentlich machen möchtest. Im ersteren Fall könntest du das über soziale Kanäle erreichen, zum Beispiel über dein persönliches Facebook-, Instagram- oder Snapchat-Profil. Im letzteren Fall wäre zu überlegen, ob sich ein Blog oder Onlinetagebuch lohnen würde. Da allerdings allein die Einrichtung eines Blogs bereits sehr zeitintensiv ist und auch etwas kostet, solltest du hier eventuell eine Per-spektive haben, über einen längeren Zeitraum zu bloggen, zum Beispiel auf einer Weltreise. Falls du wiederum nur einen ganz tollen Trip gemacht hast, von dem die Welt aber unbedingt erfahren sollte, kannst du dich an einen Reiseblogger wenden und nachfragen, ob er diesen Beitrag viel-leicht auf seinem Blog veröffentlichen möchte. Für den Blogger hat es den Vorteil, dass er einen attraktiven Beitrag für seine Seite bekommt, und für dich kann es eine gute Erfahrung sein zu testen, wie es dir überhaupt gefällt und wie die Reaktion der Leser ist. Bedenke dabei: Blog-Artikel sind etwas anderes als dein eigener Tagebucheintrag. Für die Öffentlichkeit sind sicher nicht alle Details deines Seelenlebens bestimmt und auch bei den Fotos wirst du dokumentarischer vorgehen müssen. Daher ist das Bloggen leider nicht so romantisch wie private Aufzeichnungen – zu-mindest, wenn man dauerhaft viele Leser erreichen möchte.

Beruf Reisebloggerin?

Vielleicht planst du eine längere Reise und spielst mit dem Gedanken, sie zum Beruf zu machen. Nach einigen Jahren intensiver Blog-Erfahrung möchte ich dir hier meine persönliche Meinung dazu sagen: Du brauchst mindestens ein bis zwei Jahre, bis du dir in der Reiseblogger-Branche einen Namen gemacht hast. Während du auf deiner Weltreise unterwegs bist, wirst du daher vielleicht sehr viel Zeit am Laptop verbringen, anstatt die Reise selbst in vollen Zügen zu genießen. Wenn du davon leben und auch kooperieren, also für Tourismusämter und Firmen reisen willst, brauchst du eine entsprechende Anzahl Follower und mindestens 15 000 Besucher im Monat auf deinem Blog. Mit Youtube-Videos kannst du heute auch sehr gut punkten. Zudem ist wichtig zu wissen, dass es für viele Reisen kein Geld gibt, das heißt, du kannst zwar bei einer Einladung durch einen Veranstalter, ein Tourismus-Büro oder eine Agentur kostenlos reisen, aber in dieser Zeit verdienst du eben oft auch nichts.. Die meisten der hauptberuflichen Reiseblogger leben vielleicht an sehr schönen Orten, arbeiten aber auch extrem viel und sind ständig auf allen sozialen Kanälen aktiv, was auf Dauer sehr anstrengend sein kann. Wenn du als Blogger überleben oder sogar viel Geld verdienen möchtest, geht das in der Regel nur mit einer hohen Reichweite durch Klicks und Follower, die wiederum über deine Werbe- und Empfehlungs-Links Produkte auf den Plattformen deiner Kooperationspartner kaufen. Alternativ kannst du selbst Produkte entwickeln, Bücher schreiben oder Ähnliches, but to cut a long story short: Ein Blog ist viel Arbeit und leider nicht so entspannt, wie es sich viele vorstellen. Wenn du mich jetzt nach einem Kompromiss oder einer guten Alternative mit verhältnismäßig wenig Aufwand und größtmöglichem Effekt fragen würdest, wäre das:

- **Erst mal nur einen Youtube-Kanal eröffnen.** Natürlich nur, sofern du gern vor der Kamera stehst. Sei authentisch, erzähle etwas über dich,

zeige deine Routen, gib Tipps und deine Erfahrungen unterwegs weiter. Wenn du merkst, dass dies gut funktioniert und du viele Zuschauer
für dich gewinnen kannst, gibt es später immer noch die Möglichkeit,
einen Blog zu errichten und dein Projekt vielleicht etwas professionel-
ler anzugehen. Alles, was du für das Youtuben brauchst, ist ein Handy,
ein Stativ, ein Laptop und eine Filmbearbeitungs-Software, kostenlos
ist zum Beispiel *iMovie* (Apple) oder *Windows Movie Maker* (Microsoft).
Wie das funktioniert, kannst du dir wiederum bei anderen Youtubern
abschauen.

- **Schließe dich mit anderen Bloggern zusammen.** Vielleicht findest du
  eine bekanntere Reise- oder Lifestyle-Bloggerin, die nach längerfris-
  tigen Gastbloggern sucht und dich vielleicht dafür sogar mal auf die
  eine oder andere coole Pressereise schickt. Hier hast du den Vorteil,
  dass du nicht extra einen eigenen Blog errichten musst, keine diesbe-
  züglichen Kosten hast und trotzdem zeigen kannst, was in dir steckt.
  Auch hierbei gilt: Wenn du merkst, dass Leser gut auf dich, deine Fotos
  und deine Geschichten reagieren, kannst du immer noch mit deinem
  eigenen kleinen Business durchstarten.

REISEROUTEN UND -ZIELE

Wo werde ich mich am wohlsten fühlen? Das ist wahrscheinlich die entscheidende Frage, wenn man noch nie allein verreist ist. Aber auch mit Erfahrung können neue Reiseziele eine Herausforderung darstellen, um die eigene Komfortzone zu verlassen und neue Wege einzuschlagen. Daher präsentiere ich dir auf den folgenden Seiten eine riesige Auswahl an Möglichkeiten rund um den Globus. Lass dich beim Blättern einfach treiben und höre auf dein Gefühl – es wird dir am besten sagen, wo es dich im wahrsten Sinne des Wortes hinzieht. Manchmal hat man schon eine gewisse Vorstellung oder Richtung im Hinterkopf und ein anderes Mal sucht man möglicherweise nach etwas völlig Neuem oder anderem. Wichtig ist mir an dieser Stelle nochmals zu erwähnen, dass du nicht unbedingt allein reisen musst, wenn du dich nicht gut dabei fühlst. In erster Linie soll die Reise ja Spaß machen und dich auf neue Gedanken bringen. Wenn du bei der Planung feststellst, dass du dich – aus welchen Gründen auch immer – nicht sicher genug fühlst, gibt es genügend Alternativen, wie du die Reise zwar solo antreten, aber dennoch in ständiger Gesellschaft sein kannst. Zudem besteht auch kein Grund zur Eile. Wenn es diesmal »nur« eine Reise mit Freundin oder Freund wird, bist du das nächste Mal vielleicht schon auf eigene Faust unterwegs. Oder du entscheidest dich für eine Tour, in der du kürzere Gruppenreisen mit Solo-Phasen mixt. Der Fantasie sind hier keine Grenzen gesetzt, wie ich es mit den vielen Beispielen in diesem Kapitel auch verdeutlichen möchte.

Ich würde mich freuen, wenn dieses Buch dein langjähriger Begleiter für deine zukünftigen Alleinreisen wird. Meiner Meinung nach kann jede Frau in jedem Alter zu jeder Zeit allein verreisen, und mit dieser Inspirationsquelle gelingt es mir vielleicht immer mal wieder, dich zu der einen oder anderen kleinen Auszeit zu bewegen, die dich aus dem Alltag herausholt. Freiheit und Selbstbestimmtheit sind zwei wichtige Aspekte im Leben, die sehr stark mit dem Wohlbefinden verbunden sind und die sich besonders auf Reisen sehr gut ausleben lassen. Mittlerweile lerne ich immer mehr Frauen aller Altersklassen kennen, die gar nicht mehr anders als allein verreisen möchten, und das bestätigt meine Meinung, dass man mindestens einmal im Leben das Abenteuer Alleinreise wagen sollte.

Nützliche Tipps vorab ...

Bevor du dich anhand der folgenden Reiseziele und -routen ins Leben einer fremden Großstadt stürzt, eine unbekannte Insel erwanderst oder per Auto das Land deiner Träume entdeckst, solltest du einige grundsätzliche Hinweise beachten.

- **Reiserouten:** In den vergangenen Reisejahren habe ich festgestellt, dass die besten Reisen immer jene waren, bei denen ich die Reiseroute und alle weiteren Details selbst geplant habe. Auch war es mir wichtig, mich vorab nicht auf bestimmte Strecken festzulegen. Ich empfehle daher, immer einen guten Reiseführer hinzuzuziehen, mit dessen Hilfe du die besten Orte und Sehenswürdigkeiten für dich und deinen persönlichen Geschmack herausfinden und anpeilen kannst.

- **Tourismus:** Vielleicht hast du schon einmal von dem Wort »Overtourism« gehört. Das bezieht sich auf Städte oder Inseln, die aufgrund ihrer großen Beliebtheit einem großen Touristenstrom ausgesetzt sind und bedingt dadurch meist unter Umweltproblemen leiden. Hierzu gehören unter anderem ein extremes Müll-Aufkommen, Zerstörung der Natur (zum Beispiel von Korallen), Wasserknappheit und nicht zuletzt Einheimische, die sich belästigt fühlen. Zu diesen Zielen zählen insbesondere Mallorca, Bali oder Venedig. Auf meinem Blog stelle ich bereits seit einigen Jahren alternative und sehenswerte Reiseziele vor, die noch nicht so überlaufen sind. Ich selbst halte mich zum Beispiel ungern in Menschenmassen auf, weshalb ich Besuche touristischer Orte antizyklisch handhabe: Ich reise in der Nebensaison dorthin, bin extrem früh am Morgen oder spätabends unterwegs, laufe ohne Reiseführer durch die Straßen, unternehme Ausflüge ins Umland und buche ansonsten fast alles Interessante vor. Reiseziele mit hohem touristischem Aufkommen haben für Alleinreisende allerdings den Vorteil, dass man dort auch viele Gleichgesinnte treffen kann. Daher habe ich auch einige dieser Ziele in die Vorschläge integriert. Ich persönlich hatte die tollsten Erlebnisse, aber fast ausschließlich an Orten, die kaum jemand kennt, und gerade deshalb waren sie so besonders und einzigartig. Daher mein Tipp: Gib auch unbekannteren Reisezielen eine Chance.
- **Budget und Kosten:** Die Alleinreise hat gegenüber der Reise zu zweit den Nachteil, dass man verschiedene Beträge nicht teilen kann. Hier gilt es umzudenken, um die Reisekosten möglichst niedrig zu hal-

ten – sofern notwendig. Statt des teuren Doppelzimmers wählt man vielleicht besser das kleine Zimmer in einer privaten Unterkunft und statt des Mietwagens lieber die Fahrt im Fernbus oder Zug. Alleinreisen erfordern einfach eine andere Planung und verlaufen dadurch eben auch inhaltlich etwas anders als die Reise zu zweit – das macht sie ja auch zum großen Teil aus.

- **Gesellschaft finden:** Ein schöner und essenzieller Bestandteil der Alleinreise ist das Zusammentreffen mit fremden und interessanten Menschen. Daraus muss nicht gleich immer eine langjährige Freundschaft entstehen; man begleitet sich einfach für ein paar Stunden oder Tage, genießt den Austausch und geht in dieser Zeit gemeinsame Wege. Auf jeder Reise kannst du Gleichgesinnte kennenlernen, indem du in Hostels oder privaten Unterkünften übernachtest oder Tagestouren wahrnimmst. Eine weitere Alternative: deine Frage nach einem Treffen zwecks Abendgestaltung oder anderer gemeinsamer Aktivitäten an deinem Reiseort in einer Facebook-Gruppe zu posten. So könnt ihr euch für kurze Zeit zusammentun und vielleicht sogar etwas aussuchen, das allein zu kostspielig wäre, etwa ein Auto mieten oder eine Tour buchen. Auch Ausgehen ist in Gesellschaft manchmal schöner.

- **Insider-Tipps für deine Reise:** Bei den Reisezielen und -routen habe ich in erster Linie die Hauptattraktionen aufgeführt, um dir ein gewisses Gefühl für den Ort oder das Land zu vermitteln. Da sich Secret Places in der heutigen Zeit schnell ändern können, empfehle ich dir, deinen Reiseführer, Blog-Artikel und die im Kapitel *Secret Places* genannten Apps zu nutzen. Mit diesen Hilfsmitteln kannst du deiner

Reise eine ganz besondere Note verleihen und die Hotspots für dich heraussuchen, die dich in dem Moment am ehesten ansprechen.

CITY-TRIPS

Besonders für Newbies ist dies die beste Möglichkeit, sich an das Reisen auf eigene Faust heranzutasten. Der besondere Vorteil liegt darin, dass man sich in einer anderen Stadt nahezu genauso bewegen kann wie zu Hause, aber dennoch unterwegs ist. Auf diese Weise kann man sich in kleinen Schritten daran gewöhnen, allein zu verreisen. Aber auch für eine Mini-Auszeit von Familie, Freunden oder Partner eignet sich ein Städtetrip bestens. Hier sind meine Alleinreise-Favoriten für ein paar Tage oder auch nur ein Wochenende in Europa:

Amsterdam

Der besondere Reiz dürfte in den romantischen Grachten liegen, die sich durch die Hauptstadt der Niederlande schlängeln. Mit dem Boot kann man sich hier gemütlich fortbewegen und nach Lust und Laune an verschiedenen Sightseeing-Spots ein- und aussteigen. Alternativ bietet sich das Fahrrad für die Stadterkundung an, wozu das Viertel der 9 Straatjes und die Einkaufsmeile Kalverstraat zum Shoppen, der Spui-Platz, der königliche Palast, und das Wachsfigurenkabinett von Madame Tussauds zum Staunen gehören können. Einen Ausflug wert ist auch das Restaurant »Strandzuid« mit eigenem Strand für einen chilligen Nachmittag mit Café und Buch direkt am Wasser.

Geeignet für: Shopping, Sightseeing, Fahrradtouren
Fortbewegung: Bahn, Bus, Zug, Fahrrad, Bus, Boot

Barcelona

Die beliebte spanische Metropole hat alles, was man sich nur wünschen kann: Tolle Restaurants, Cafés und Tapasbars, unendliche Shopping-Möglichkeiten und berühmte historische Bauten wie die Sagrada Familia mit den acht Türmen von Gaudí. Und all das liegt praktischer Weise auch noch direkt am Meer. Nach dem Besuch der Klassiker wie der Flaniermeile Rambla und den Altstadtvierteln lässt es sich in den verwinkelten Gassen des Gotischen Viertels mit den vielen kleinen Geschäften herrlich verlaufen. Den Sonnenuntergang kannst du im Park de la Ciutadella oder im Stadtteil Barceloneta am vier Kilometer langen Strand der Stadt genießen. Ein besonderer Tagesausflug ist die Fahrt zum Kloste Montserrat mit weitem Blick über Katalonien.

Geeignet für: Shopping, Sightseeing, Strand
Fortbewegung: U-Bahn/Metro, Bus (Hop on Hop off), Fahrrad, Schiffsfahrt in den Golondrinas

Berlin

Warum nicht einfach mal allein durch die landeseigene Hauptstadt tigern? Einmal im Leben wirst du definitiv hier gewesen sein müssen –, warum also nicht jetzt und auf eigene Faust? Durch das legendäre Brandenburger Tor laufen, auf dem Rasen des prächtigen Reichstages picknicken, in hippen Cafés Leute beobachten, durch die Hackeschen Höfe schlendern und die East Side Gallery mit den letzten Resten der Berliner Mauer bestaunen. In dieser Stadt gibt es so viel Interessantes zu sehen, dass einem ganz sicher nicht langweilig werden kann.

Geeignet für: Shopping, Sightseeing, geführte Stadtspaziergänge (Walking-Tours)
Fortbewegung: Bahn, Bus (Hop on Hop off), Fahrrad, Segway

Budapest

Besonders in den sommerlichen Monaten bietet Ungarn eine schöne Gelegenheit, um durch die Hauptstadt zu schlendern. Sie ist einerseits sehr modern und hat andererseits einen enormen historischen Charme, der sich durch die Prachtbauten zwischen den beiden Stadtteilen Buda und Pest präsentiert. Unbedingt sehenswert ist die Kettenbrücke, die Fischerbastei, das Stadtwäldchen, das Budaer Burgviertel mit der historischen Seilbahn, und natürlich darf der Besuch eines Thermalbads nicht fehlen, zum Beispiel im Gellért Bad oder im Rudas

Bad. Alles in allem ein bunter Mix aus Alt und Neu, Nostalgie und Moderne.

Geeignet für: Shopping, Sightseeing, geführte Stadtspaziergänge (Walking-Tours)
Fortbewegung: Bahn, Boot, Bus (Hop on Hop off), Fahrrad, Tuk Tuk

Hamburg

Falls du noch nie in Hamburg gewesen sein solltest, wird's höchste Zeit! Hier kann es sogar passieren, dass du vor lauter Angebot in Entscheidungsnot kommst: Die schöne Speicherstadt, die imposanten Landungsbrücken, das quirlige St. Pauli, das Planetarium, die Elbphilharmonie oder der Alte Elbtunnel. Neben den Hotspots dann noch Museen, Cafés und Street-Art in der Schanze und im Karoviertel miteinander verknüpfen und der City-Trip ist perfekt! Mit etwas mehr Zeit könntest du noch einen Trip nach Helgoland mit dem Katamaran dranhängen.

Geeignet für: Shopping, Sightseeing, geführte Stadtspaziergänge (Walking-Tours)
Fortbewegung: U-Bahn, S-Bahn, Bus, Fahrrad, Boot, Katamaran

Kopenhagen

In der Hauptstadt Dänemarks kannst du versuchen herauszufinden, warum dort die glücklichsten Menschen der Welt leben sollen. Die fahrradfreundliche Hafenstadt gehört zu den Top Ten der lebenswertesten Städte und das trendige Viertel Vesterbro wurde sogar zu den zehn coolsten Viertel der Welt gewählt. Also nichts wie hin: Fahrrad ausleihen und im

Grand Royal Park picknicken, in der City an den bunten Häusern am Wasser entlangfahren, im Multikulti-Viertel Nørrebro in einem der zahlreichen Restaurants ein Päuschen machen und dann alle 19 Brücken der Stadt überqueren. In nur einer Dreiviertelstunde könntest du zudem für nur wenige Euro der schwedischen Stadt Malmö einen Besuch abstatten.

Geeignet für: Shopping, Sightseeing, Ausflüge
Fortbewegung: Bahn, Bus, Fahrrad, Hafenbus

Lissabon

Von kaum einer Stadt wird so geschwärmt wie von der Hauptstadt Portugals, und das zu Recht! In kleinen romantischen Gassen schlängelt man sich durch die Altstadt, während im Hintergrund melancholische Fado-Musik aus den Tavernen zu hören ist. Du solltest mindestens auf einem der sieben Hügel den weiten Blick über das Häusermeer mit einem goldgelben Sonnenuntergang am Horizont erlebt haben und das entweder zu Fuß oder mit der berühmten Tram 28, der gelben Straßenbahn aus den 30er-Jahren. Ausflüge zu den Orten Cascais zum Baden und Chillen sowie Sintra mit dem berühmten und sehenswerten Märchenschloss Quinta da Regaleira solltest du auf jeden Fall mit einplanen!

Geeignet für: Shopping, Sightseeing, Ausflüge, Strand
Fortbewegung: Bahn, Zug, Bus (Hop on Hop off), Tuk Tuk

London

Stundenlang, ach was, tagelang kannst durch die Straßen dieser schönen Stadt laufen. An der Themse entlangspazieren, die Tower Bridge überqueren, im Riesenrad Golden Eye über die Stadt blicken, den Wachwechsel vor dem Buckingham Palace beobachten, durch den St. James Park schlendern, in den hipsten Cafés der Stadt sitzen, den Tower of London bewundern oder den Spuren der Gräueltaten von Jack the Ripper im London Dungeon folgen. Wenn es in dieser Stadt eins nicht gibt, dann Langeweile! Absolute Must-see-Stadt, und das selbstverständlich auch für Alleinreisende.

Geeignet für: Shopping, Sightseeing, geführte Stadtspaziergänge (Walking-Tours)
Fortbewegung: Bahn, Bus (Hop on Hop off), Fahrrad

Paris

Kultur, Mode, Geschichte, Kulinarisches und gemütliche Cafés sind in der französischen Metropole wahrscheinlich so präsent wie kaum in einer anderen Stadt: frische Luft auf dem Eiffelturm schnuppern, die Notre-Dame bewundern, die Champs Élysées entlangschlendern, durch den Arc de Triomphe laufen, im Louvre staunen, an den Schaufenstern der teuren Modedesigner die Nase platt drücken, das französische Savoir-vivre in den grünen Parks der Stadt beobachten – und das ist erst der Anfang deines Paristrips!

Geeignet für: Shopping, Sightseeing, geführte Stadspaziergänge (Walking-Tours)
Fortbewegung: Bahn, Bus (Hop on Hop off), Fahrrad, Zug

Prag

In der Hauptstadt der Tschechischen Republik fühlst du dich gleich um einige Jahrzehnte in die Vergangenheit zurückversetzt. Besonders die berühmte Karlsbrücke hat am frühen Morgen etwas Magisches in der Stadt der hundert Türme. Hier kannst du stundenlang durch die Straßen und Parks laufen, zwischendurch ein Museum besuchen, danach in einem Café Rast machen und natürlich darf auch der Besuch der imposanten Prager Burg mit ihren Palastgärten nicht fehlen. Wenn du die Stadt ohne große Touristenmassen erleben möchtest, meide am besten Wochenenden, Feiertage und Schulferienzeiten.

Geeignet für: Shopping, Sightseeing, geführte Stadtspaziergänge (Walking-Tours)
Fortbewegung: Bahn, Bus (Hop on Hop off), Fahrrad, Boot

Rom

In der ewigen Stadt wirst du mit einer hohen Wahrscheinlichkeit rund um die Uhr beschäftigt sein und abends todmüde ins Bett fallen. Bei schönstem Wetter kannst du das Kolosseum, das Pantheon und den Petersdom besuchen, eine Münze in den Trevi-Brunnen werfen (Achtung: bei zwei Münzen wirst du dich in einen Italiener verlieben!), die Vatikanischen Gärten bewundern und den Abend mit einem kühlen Campari Soda und fantastischer Pasta ausklingen lassen. Beachte: Bei Restaurants auf einer der bekannten Piazzas erst auf die Preise der Speisekarte schauen.

Geeignet für: Sightseeing, Shopping, geführte Stadtspaziergänge (Walking-Tours)
Fortbewegung: Bus, Fahrrad, E-Bike, Roller

Stockholm

Die Hauptstadt Schwedens ist verteilt auf 14 Inseln und allein deshalb schon etwas ganz Besonderes. Hier findest du eine tolle Mischung aus skandinavischem Style, Kunst, Natur und Shopping-Möglichkeiten, die du bei schönem Wetter perfekt mit dem Fahrrad erkunden kannst. Hierzu gehören zum Beispiel die Viertel SoFo, Hornstull und Södermalm, die Altstadt Gamla Stan, der königliche Palast, das Fotografiska-Museum oder die Insel Djurgarden, dem weltweit einzigen Nationalpark in City-Lage. Lohnenswert ist auch die Erfahrung, mit der Metro zu fahren, denn zig U-Bahn-Stationen wurden mit einzigartiger Kunst versehen und bilden damit die längste Kunstausstellung der Welt!

Geeignet für: Sightseeing, Shopping
Fortbewegung: Bus, Bahn, Fahrrad, Boot

Wien

In einem Palmenhaus im Jugendstil sitzen und Sachertorte mit einem Melange bestellen? Dann könnte die Hauptstadt Österreichs als nostalgisches Ziel mit einer tollen Mischung aus Kultur, Natur, sehenswerter Architektur und einem jungen Lebensgefühl passen! Die Auswahl ist riesig: Die prunkvollen Schlösser Schönbrunn und Belvedere, das populäre Kunstmuseum Albertina, das bunte Hundertwasserhaus, der Naschmarkt, die Aussicht vom Leopoldsberg und nicht zuletzt das historische Riesenrad im Prater mit seinen schicken roten Gondeln. Besonders in den Seitengassen der belebten Straßen findet man oft hübsche Geschäfte mit schönen Mitbringseln, die dann hoffentlich noch in den Koffer passen.

Geeignet für: Sightseeing, Shopping, Kultur
Fortbewegung: Bus, Bahn (Tram), Fahrrad, Boot

Manchmal muss man gar nicht weit reisen oder eine ganz besondere Großstadt anpeilen. Da ist vielleicht ein tolles Naturschutzgebiet in deiner Nähe, ein wunderschöner See oder ein anderer interessanter Ort. Alternativ könntest du zum Beispiel dein Ziel von der Unterkunft abhängig machen. Wenn du also immer schon mal in einem tollen Hotel, einem Hausboot, einem Zirkuswagen, einem Glamping-Zelt, einem Baumhaus oder in einer anderen besonderen Behausung übernachten wolltest, fahre einfach dorthin und lass dich von der Umgebung überraschen. Gute Inspirationsquellen sind *AirBnb* und *Good Travel*.

EINE WOCHE AM MEER

Möchtest du gern Sonne tanken, am Strand unter einem Sonnenschirm, mit einem kühlen Getränk in der Hand aufs Meer schauen, oder dich von deinem Alltag zu Hause erholen? Im ersten Moment klingt dieser Gedanke ohne Begleitung ziemlich langweilig und eintönig, aber mit ein wenig Programm drum herum kann man aus einer solchen Reise etwas ganz Besonderes machen. Hier stelle ich dir einige Trips vor, die du schnell und einfach organisieren kannst.

Athen und Paros

Eine wirklich empfehlenswerte Kombination aus etwas Sightseeing in Griechenlands Hauptstadt und der Erholung auf einer unglaublich hübschen Kykladen-Insel! Nach zwei Tagen in Athen mit dem Besuch der faszinierenden Akropolis erreichst du auf dem Sonnendeck der Fähre nach vier Stunden die Insel Paros. In vier Tagen kannst du dich in den Orten Parikia und Naoussa an den weißen Häusern mit den blauen Dächern und dem pinken Blumenmeer erfreuen, hübsche Shops besuchen, in Cafés oder Restaurants toll essen und trinken, und mit dem Bus Ausflüge zu den schönsten Stränden unternehmen (mein Favorit: Kolymbithres Beach). Einen Ausflug lohnt die kleine Nachbarinsel Antiparos. Alternativ ist ein Tagesausflug mit der Fähre nach Santorin möglich, die Fahrt dauert zwei Stunden je Strecke.

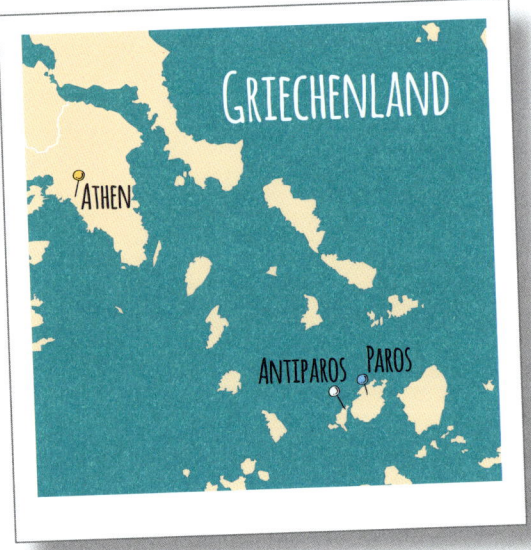

Beste Reisezeit: Mai, Juni und September gehören zur Nebensaison mit entsprechend besserem Preis-Leistungs-Verhältnis als im Hochsommer. Auch ist es in dieser Zeit ruhiger, da die Insel in den sehr heißen Monaten Juli und August auch ein beliebtes Ferienziel der Griechen ist.

Genua und Capri

Die Hauptstadt Liguriens ist ein schöner Ausgangspunkt, um in der Altstadt und am alten Hafen ein bis zwei Tage italienisches Flair einzuatmen. Vom Hafen Genua aus legst du in maximal eineinhalb Stunden mit der Fähre oder dem Schnellboot in Capri an. Hier kannst du die felsenreiche Insel in aller Ruhe zu Fuß erkunden, übergroße Zitronen an den Bäumen bestaunen und ein ruhiges Plätzchen zum Lesen, Cappuccino-Trinken oder Baden suchen. Ein Bootsausflug zu der berühmten Blauen Grotte gehört dabei zum Pflichtprogramm.

Beste Reisezeit: Sie zählt für viele als eine der schönsten Inseln der Welt und ist daher zwangsläufig ein Touristenmagnet. Daher wähle am besten eine Zeit außerhalb der Oster- und Sommerferien. Im Frühling und Herbst, also März bis Mai und September bis Oktober, ist es nicht ganz so heiß und gleichzeitig weniger überlaufen.

Lanzarote

Diese kanarische Insel vor der Küste Afrikas hat nicht nur ein hervor-ragendes Klima, sondern auch eine außergewöhnliche Landschaft zu bieten. Hier warten hundert Vulkankegel, eine zum Teil mondähnliche Landschaft und eindrucksvolle, schwarzsandige Strände darauf, von dir bestaunt zu werden. Ein Besuch der Papageienstrände oder des Tals der tausend Palmen, Kratertouren im Nationalpark Timanfaya, die Besichti-gung des Weinanbaugebietes La Geria in schwarzem Lavasand und das legendäre Skulpturen-Unterwassermuseum machen diese Reise zu ei-nem unvergesslichen Erlebnis.

Beste Reisezeit: Die Temperaturen sinken im ganzen Jahr nicht weit unter 15 Grad Celsius und erreichen wieder-um kaum 30 Grad Cel-sius, wodurch die Insel jederzeit bereist wer-den kann und auch ein schönes Ziel im Winter ist. Der Frühling gilt als schönste Jahreszeit aufgrund der Blütezeit vieler Gewächse.

Malta

Auf der hübschen Insel im Mittelmeer bieten sich eine Vielzahl Unternehmungen an: die Besichtigung von Kirchen und historischen Tempelanlagen, Sightseeing in der Hauptstadt Valletta und in Mdina, die Fahrt zur Nachbarinsel Gozo, eine Bootstour zur Blauen Grotte, ein Tauchkurs im kristallklaren Wasser, entspannte Strandtage am Ramla Beach, der Besuch des Fischerdorfes Marsaxlokk oder der Orte Mellieha und Popeye Village – die Zeit vergeht wie im Flug! Mit der Fähre könntest du zudem in nur 90 Minuten einen Abstecher nach Sizilien machen.

Beste Reisezeit: Das Frühjahr auf Malta empfinden die meisten als schönste Jahreszeit. Zum Baden sind die Monate Mai bis Oktober geeignet mit Temperaturen zwischen 15 bis bis 32 Grad Celsius. Die Monate November bis April sind günstig für Aktivurlaub. Die kältesten Tagestemperaturen liegen bei etwa 16 Grad Celsius, wodurch die Insel rund um das Jahr bereist werden kann.

Norderney

Wenn es keine Insel mit Sonnengarantie sein muss, ist Ostfriesland vielleicht das Richtige für dich. Hierfür musst du lediglich mit dem Auto oder Zug nach Norddeich fahren und nach nur einer Stunde Fähre deine Füße auf norddeutschen Inselboden setzen. Beschäftigung gibt es hier reichlich: Wattwanderungen, mit dem Fahrrad die gesamte und überraschend grüne Insel erkunden, in der Milchbar mit Blick auf die Nordsee Kaffee trinken oder im chilligen Strandrestaurant *Weisse Düne* bei einem guten Buch hausgemachte Schorle und leckeren Kuchen genießen. Auch können Tagesausflüge mit dem Boot zu den Seehundbänken oder zu den Nachbarinseln Juist, Baltrum, Langeoog und Spiekeroog eine schöne Ergänzung darstellen.

Beste Reisezeit: Meine Empfehlung wäre hier Frühling bis Herbst exklusive der klassischen Schulferienzeiten, denn die Insel ist ein beliebtes Ziel der Deutschen. Aber auch eine kältere Jahreszeit hat durchaus ihren Reiz, wenn man genügend warme Sachen einpackt und gern dick eingemummelt mit Buch und heißem Kakao im Strandkorb sitzt.

Natürlich gibt es unzählige Last Minute- und Pauschalreisen, bei denen du bereits ein Komplettpaket buchst und dich darüber hinaus nicht mehr um viel kümmern musst. Viele nutzen die recht günstigen Angebote zum Beispiel in Ägypten, Griechenland, auf den Balearen und Kanaren. Und solltest du ein gutes Angebot für eine dir noch unbekannte Insel oder Region finden – why not? Erkundige dich nach den Sehenswürdigkeiten, Aktivitäten und Touren ringsum und wenn das dein Herz höher schlagen lässt ... Los geht's!

EINE WOCHE ABENTEUER

Aktivurlaub ist die beste Garantie dafür, sich in keinem Moment zu langweilen, sich einsam zu fühlen oder Heimweh zu bekommen – falls du diese Bedenken überhaupt haben solltest. Ansonsten ist es natürlich eine tolle Möglichkeit, den Alltag von den Schultern zu werfen, auf neue Gedanken zu kommen und vielleicht sogar mit neuen Plänen nach Hause zurückzukehren. Hierfür wirst du vielleicht etwas mehr planen müssen, aber das lohnt sich allemal! Beispiele für spannende Trips findest du hier.

Baltikum

Die Länder des Baltikums – Litauen, Lettland und Estland – lassen sich praktisch durch eine Städte-Hopping-Tour kennenlernen. Du kannst zum Beispiel in Vilnius beginnen, dann nach Riga fahren und die Reise in Tallinn abschließen (oder umgekehrt). Wenn du in jeder Stadt zwei Tage verbringst, bekommst du einen ganz guten Überblick, bist maximal beschäftigt und lernst wirklich interessante Orte kennen. Die Tour kannst du entweder mit einem Mietwagen, lokalem oder Reisebus unternehmen. Mit etwas mehr Zeit könntest du sogar noch von Tallinn aus per Fähre nach Helsinki übersetzen. Eine andere Möglichkeit wären drei Tage Helsinki und drei Tage Tallinn plus ein Tag für Hin- und Rückreise. Finnland gilt übrigens, in Bezug auf Terror und Kriminalität, als das sicherste Land der Welt. Allesamt tolle Ziele, die selbst im Sommer noch nicht von Touristen überschwemmt werden.

Beste Reisezeit: Wenn du es gern etwas wärmer haben möchtest, ist wahrscheinlich der Zeitraum Mai bis September geeignet. Ansonsten wäre ein Besuch bei Schnee im Winter auch etwas ganz Besonderes.

Island

Es gibt wahrscheinlich keinen Menschen auf dieser Erde, dem diese Insel nicht gefällt! In der Hauptstadt Reykjavík findest du supermoderne, stylishe Cafés, Restaurants und Shops, wo du schon mal locker zwei bis drei Tage auf deine Kosten kommst. Und dann bieten sich aufregende Tagesausflüge an, die du dir unbedingt gönnen solltest: Zu den Wasserfällen Gullfoss, Seljalandsfoss oder Skógafoss und den Geysiren, zum schwarzen Strand von Vík und zur Gletscherlagune Jökulsárlón. Natürlich darf auch ein Bad im berühmten Thermalfreibad Bláa Lónið (Blaue Lagune) nicht fehlen. Das ist eine Reise, die du nie vergessen wirst! Insgesamt nicht so ganz günstig, weshalb du hier allgemein etwas höhere Ausgaben einplanen solltest.

Beste Reisezeit: Zu den beliebtesten Monaten zählen Juni, Juli und August, in denen die Temperaturen tagsüber bei etwa 13 Grad Celsius liegen und in etwa unserem Herbst ähneln. Die begehrte Aussicht auf die Polarlichter gibt es nur in der kalten Zeit von Ende September bis Mitte März.

Irland

Die grüne Insel im Norden hat ihren ganz besonderen Reiz. Sie gehört wahrscheinlich zu einem der wenigen Länder, in denen man das raue, wilde Wetter als unabdingbaren Bestandteil der Reise ansehen wird. Die felsige Landschaft, die urigen Pubs und die herzlichen Menschen sind unbedingt einen Besuch wert, den man wie folgt gestalten könnte: zwei bis drei Tage Kennenlernen der Hauptstadt Dublin kombiniert mit Tagesausflügen in die nähere Umgebung, zum Beispiel in die Wicklow Mountains. Wenn dich rund sechs Stunden Busfahrt nicht stören, lohnt sich eine anschließende Fahrt in den Westen in die kleine Hafenstadt Dingle. Mit Mietwagen empfiehlt es sich, auf der Fahrt zusätzlich die Panoramaküstenstraße Ring of Kerry entlangzufahren oder den etwas südlicher gelegenen Ring of Beara, den ich persönlich noch schöner fand.

Beste Reisezeit: Die wärmsten Monate des Jahres sind Mai bis September mit einem recht milden Klima und Tagestemperaturen zwischen 10 und 18 Grad Celsius. Ein wechselhaftes Wetter gehört zur Reise auf jeden Fall dazu. Wenn du eine hohe Regenwahrscheinlichkeit vermeiden möchtest, sind Juli und August eher ungeeignet.

Israel

Eines der Lieblingsreiseziele vieler allein reisender Frauen. In diesem Land kannst du dich unzähligen Kontrasten hingeben: dem supermodernen Tel Aviv, das gern auch als das israelische New York bezeichnet wird, mit dem arabischen Bezirk Jaffa und seinen verwinkelten Gassen, einem geschichtsträchtigen Jerusalem, dem Toten Meer und der riesigen Wüste Negev – um nur einiges zu nennen. Du kannst in Tel Aviv wohnen und Tagesausflüge unternehmen oder als Fortgeschrittene auch einen Mietwagen nehmen und das Land sehr einfach auf eigene Faust erkunden. Wenn du mehr Zeit hast, kannst du den Trip auch mit Jordanien kombinieren und von dort zurückfliegen.

Beste Reisezeit: Warme Temperaturen gibt es von April bis Oktober. Allerdings kann es im Sommer bis zu 40 Grad Celsius heiß werden, weshalb du für einen Aktivurlaub eher die Monate April und Mai sowie Oktober favorisieren solltest.

Jordanien

Wolltest du immer schon mal auf der Oberfläche des Toten Meeres schweben, durch rote Felsen wandern und dabei auf die mystische Felsenstadt Petra treffen oder auf einem Kamel die Wüste Wadi Rum durchqueren? Dann wäre jetzt vielleicht der richtige Zeitpunkt! Start der Reise könnte die Hauptstadt Amman sein oder Akaba im Süden. Mit jeweils zwei Tagen in Wadi Rum und Petra und jeweils einer Nacht in Akaba und Amman und einem Zwischenstopp am Toten Meer wirst du eine wirklich erlebnisreiche Zeit in einem unglaublich gastfreundlichen Land verbringen. Wenn du landestypisch lange und weite Kleidung trägst, ist das Land als sicheres Reiseland einzustufen. Jordanische Männer sind in der Regel charmant und fürsorglich.

Beste Reisezeit: Zu empfehlen sind der Frühling (April bis Mai) und der Herbst (Oktober bis November). Im Sommer ist es extrem heiß, im Winter wiederum ziemlich kalt.

Marokko

Lust auf eine Prise orientalisches Flair? Dieses Land hat fast alles zu bieten, was das Reiseherz begehrt: Gebirge, Wälder, schattige Oasen, Wüste, Badestrände und weltbekannte Städte wie Marrakesch, Fes und Casablanca. Da fällt es bei der Planung fast ein wenig schwer, sich für ein Ziel oder eine Route zu entscheiden. Zum Beispiel wäre diese Kombination möglich: In die Wunderwelt Marrakeschs eintauchen, von dort aus eine zweitägige Wüstentour mit Übernachtung in einem Dünencamp starten und danach in der weißen Stadt Agadir ein bis zwei Strandtage einlegen. Die Reise könnte mit Gabelflügen gebucht werden, das heißt Hinflug nach Marrakesch und Rückflug von Agadir (oder umgekehrt). Mein Tipp: Achte auf lange, weite und landestypische Kleidung. Wenn dich Männer ansprechen, reagiere bestimmt und selbstbewusst, ohne dich auf Gespräche einzulassen.

Beste Reisezeit: Die Temperaturen sind je nach Region unterschiedlich. Generell gilt als beste Reisezeit für Marokko der Frühling (April bis Mai) und der Herbst (Oktober bis November). In diesen Monaten ist es angenehm warm und nicht zu heiß.

Spanien

Jeder, der schon einmal in Andalusien war, schwärmt davon in höchsten Tönen. Von den kleinen, malerischen Dörfern, die sich reinweiß um die Berge zu schlängeln scheinen, von der weiten Landschaft aus schroffen Felsen, Olivenhainen und den maurischen Einschlägen, die sich in den Häusern der südspanischen Region widerspiegeln. Aber auch mit Wüsten, Stränden, Naturparks und Städten wie Granada, Córdoba und Sevilla wird man die Qual der Wahl haben und Prioritäten setzen müssen. Daher brauchst du eigentlich nur nach zu Málaga fliegen, dir dort ein Auto mieten und entscheiden, wo dich die Sehnsucht hinführt. Vielleicht in den Nationalpark Sierra Nevada bei Granada? Oder zum riesigen Königspalast Alcázar in Sevilla? Vielleicht zieht es dich auch in die einzige Wüste Europas, der Desierto de Tabernas. Hier hast du jedenfalls eine gelungene Mischung aus traumhaftem Wetter, sehr gutem Essen und Wein neben einer außergewöhnlichen Landschaft.

Beste Reisezeit: In dieser Region kannst du im Prinzip das ganze Jahr über reisen. Der Sommer ist ziemlich heiß, weshalb Frühling und Herbst für einen Roadtrip am angenehmsten sein werden, also März bis Juni sowie September und Oktober. Damit kannst du gleichzeitig die sommerliche Hauptsaison umgehen.

Eine Woche geht leider ziemlich schnell vorüber, weshalb die Zeit für Hin- und Rückreise so kurz wie möglich gehalten werden sollte. Soll heißen: keine langen Flug-, Zug- und Autostrecken, möglichst wenig umsteigen mit langen Wartezeiten dazwischen und so weiter. Fahrten im Reiseland von einem zum anderen Ort würde ich in diesem Fall auch möglichst tagsüber wählen, um möglichst viel von der Landschaft mitnehmen zu können. Solltest du dir bei der Weiterreise oder Planung einmal unsicher sein, hast du immer die Möglichkeit, bei einer Agentur eine Tagestour oder Reisebausteine zu buchen. Diese finden meist in einer Gruppe statt, wodurch du in Gemeinschaft und somit auch sicher unterwegs bist.

FERNE METROPOLE

Vielleicht zieht es dich in eine fremde Welt voller Wolkenkratzer, Leuchtreklamen und Superlative. In der Großstadt hast du meist unglaublich viele Möglichkeiten, nicht nur in Bezug auf Shopping, Essen, Trinken und Sightseeing, sondern auch was Ausflüge in die nähere und entferntere Umgebung angeht. Eins solltest du allerdings bedenken: Je größer und anonymer eine Stadt ist, umso schneller besteht die Möglichkeit, sich einsam zu fühlen – sofern du dazu neigen solltest. In diesem Fall rate ich dir, ein Zimmer in einer privaten Unterkunft zu wählen, damit du bei Bedarf immer in Gesellschaft sein kannst. Hier eine Auswahl interessanter Megacities für circa zehn Tage Reisezeit.

Hongkong

Die unglaubliche Dimension dieser gebirgigen Stadt wird einem spätestens bei der Ankunft mit der historischen Drahtseilbahn hoch oben auf dem berühmten Berg Victoria Peak bewusst. Mit öffentlichen Verkehrsmitteln kommst du leicht in die verschiedenen Stadtteile, und hier ist besonders der Kontrast sehr spannend, wenn du zum Beispiel plötzlich in einer eher dorfähnlichen Gegend mit vergleichsweise kleinen Häusern aussteigst – im Hintergrund immer die riesige Skyline, die natürlich in der Dunkelheit besonders fotogen rüberkommt. Ein Bestandteil der Reise sollte auf jeden Fall auch ein Tagesausflug nach Macau, Lamma Island und Cheung Chau sein; alle Inseln kannst du jeweils in maximal einer Stunde mit der Fähre erreichen.

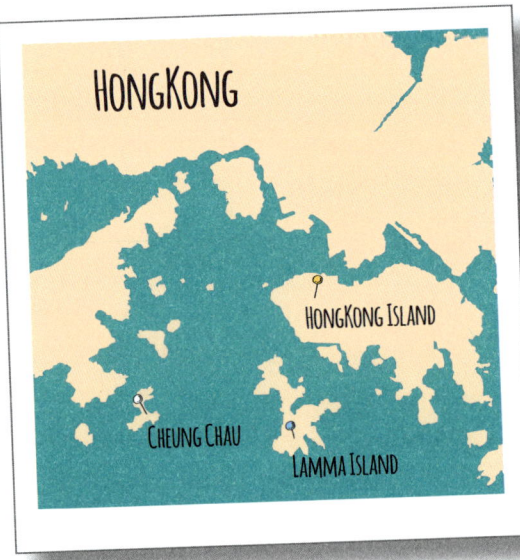

Beste Reisezeit: Hongkong ist im Prinzip das ganze Jahr über für eine Reise geeignet, die optimale Reisezeit liegt dabei im Winter zwischen Oktober und April. In dieser Zeit ist es angenehm warm und vor allem recht trocken.

Miami

Eintauchen in eine pastellige, amerikanische Metropole direkt am Meer? Dann könnte diese Stadt genau richtig sein, denn hier gibt es eine immense Auswahl an Möglichkeiten und Ausflügen: Eine Tour in die Sümpfe der Everglades, mit dem Bus über 42 Brücken nach Key West oder eine Fahrt in das etwas ruhigere Fort Lauderdale. Shopping, Museen, Natur, Bootstouren, Action, Ocean Drive und Strand – in Miami wirst du jeden Tag bei fantastischem Wetter sehr unterschiedlich und spannend gestalten können.

Beste Reisezeit: Die Monate November bis April gelten als angenehm, weil die Temperaturen milder und nur wenig Niederschläge zu erwarten sind. Zwischen März und August hingegen kann das Thermometer weit über 30 Grad Celsius anzeigen und in der Sommerzeit ist außerdem Hurrikan-Saison.

New York

Wahrscheinlich eine der Top-Ten-Städte der Welt, in der man im Leben einmal gewesen sein muss. Leider insgesamt nicht ganz günstig, weshalb du bei knapperem Budget rechtzeitig nach einem privaten, bezahlbaren Zimmer Ausschau halten solltest. Und dann kann's losgehen: Freiheitsstatue, Central Park, Empire State Building, Times Square, Brooklyn Bridge, One World Observatory – die höchste Aussichtsplattform der Stadt, Wall Street, Staten Island und so weiter. Da die Metropole bekanntlich niemals schläft, kannst du rund um die Uhr aktiv sein. Gehe mit einem riesigen Becher Popcorn in ein großes Kino, auf Shopping-Kurs in Soho, setze dich in die coolsten Cafés in Brooklyn, laufe über die Fifth Avenue, zähle die roten Lampions in Chinatown … Luft holen!

Beste Reisezeit: Die vier Jahreszeiten sind intensiv! Im Sommer ist es sehr heiß, im Winter gibt es Schnee und zum Teil extreme Kälte. Daher bieten sich am ehesten der Frühling mit den Monaten März bis Mai (10 bis 24 Grad Celsius) sowie September bis Oktober (18 bis 25 Grad Celsius) für den Indian Summer an. Aber natürlich kann auch ein Besuch in der Vorweihnachtszeit toll sein. Hierbei wäre dann wahrscheinlich nur mit höheren Kosten und mehr touristischem Aufkommen zu rechnen.

Singapur

Das kleine asiatische Land mit der gleichnamigen Stadt gehört zu den sichersten und saubersten Ländern der Welt. Bestimmt kennst du Fotos des atemberaubenden Hotels auf drei Säulen, auf dem sich hoch oben ein fast 150 Meter langer Pool befindet – das *Marina Bay Sands* gilt als eines der Wahrzeichen der Stadt. In den Pool darf man leider nur als Hotelgast, aber vom Skypark in Etage 57 bekommt man immerhin einen tollen Blick über die Stadt. Zu sehen gibt es in der multikulturellen Metropole verschiedene spannende Viertel wie Chinatown, Little India oder Kampong Glam; die Bugis Street, Orchard Road oder Arab Street zum Shoppen und den Stadtteil Riverside für ein schönes Paket Kultur. Auch kann man sich hier ein paar Tage Strand gönnen oder die Inseln Sentosa und Pulau Ubin besuchen. Etwas weiter entfernt und per Schnellboot erreichbar sind die indonesische Insel Bintan und die malaysische Insel Pulau Tioman.

Beste Reisezeit: Singapur kann das ganze Jahr über bereist werden. Von März bis September kannst du mit sonnigen Temperaturen zwischen 25 Grad Celsius und 30 Grad Celsius rechnen. In unseren Wintermonaten ist die Regenwahrscheinlichkeit höher, dafür sind die Preise etwas niedriger.

Vancouver

Die kanadische Stadt wird als »von Natur aus spektakulär« bezeichnet und ist bei der Aufzählung der fünf lebenswertesten Städte fast immer mit dabei. Zwischen Bergen und Meer gibt es hippe Viertel wie Yaletown, Gastown und Chinatown, die Halbinsel Granville Island und den ausgedehnten Stanley Park. Die Stadt lässt sich hervorragend zu Fuß oder mit dem Fahrrad erkunden und zwischendurch kannst du auch mal im Wassertaxi zum anderen Ufer fahren. Unbedingt dabei sein sollte eine Tour nach Vancouver Island, um diese wunderschöne Natur zu erleben (per Mietwagen oder gebuchter Tour).

Beste Reisezeit: Der Sommer, also Juni bis August, ist angenehm warm bei Temperaturen um die 20 Grad Celsius, in denen es auch recht wenig regnet. Frühjahr und der Herbst sind recht mild und selbst im Winter bleibt es erträglich bei etwa 6 bis 8 Grad Celsius.

Alternativen sind darüber hinaus Ziele wie Dubai, Qatar oder asiatische Großstädte wie Tokio, Shanghai und Peking. Beim Metropolen-Trip bucht man am besten Flug und Unterkunft und plant von dort aus jeden Tag nach Lust und Laune. Vielleicht bleibt man auch einmal einen Tag im Bett oder lässt sich einfach treiben – Druck und Pläne gibt es meist im Alltag schon genug.

FERN- UND RUNDREISEN

Zwei bis drei Wochen Auszeit

Wenn du gern ein weiter entferntes Ziel ansteuern möchtest, sind mindestens zwei Wochen Reisedauer empfehlenswert. Auf diese Weise kannst du unbekannte Orte kennenlernen, Touren unternehmen, am Strand entspannen und zwischendurch die Seele baumeln lassen. Die Entfernung sollte im richtigen Verhältnis zur Dauer der Reise stehen: Je mehr Zeit, umso weiter entfernt das Ziel.

Nachfolgend habe ich mehrere Möglichkeiten für deinen Solo-Trip aufgeführt. Einige Orte und Länder sind touristisch relativ erschlossen, was aber zumindest am Anfang die Kontaktaufnahme zu anderen Mitreisenden erleichtern kann. Großen Touristenströmen kannst du bei Bedarf durch das Reisen in der Nebensaison aus dem Weg gehen. Dann sind auch meist die Preise etwas günstiger. Alle Reisen sind natürlich auch länger möglich oder miteinander kombinierbar. Mehr dazu erfährst du im zweiten Teil dieses Kapitels.

Costa Rica

Das grüne Paradies in Mittelamerika bietet eine riesige Vielfalt an Natur, Strand und Aktivitäten, die das Reiseherz höher springen lassen. Du kannst hier Wanderungen durch dichte Regen- und Nebelwälder unternehmen, an karibischen Stränden oder in heißen Quellen baden, beeindruckende Vulkane besteigen und Tiere in freier Wildbahn bewundern. Viele reisen übrigens auch im Zuge eines sozialen Projektes dorthin, manchmal in praktischer Kombination mit einem Spanischkurs. Besonders sehenswert fand ich den Monteverde-Nationalpark, in dem du in schwindelerregender Höhe von acht Hängebrücken aus den Nebelwald erleben kannst. Auch der Besuch eines Vulkans, der höchste namens Irazú mit seinem knallgrünen See, sowie die Nationalparks Manuel Antonio und Tortuguero lohnen eine Tour. Nimm am besten einen aktuellen Reiseführer zur Hand und lasse dich von den Routenvorschlägen inspirieren. Wenn du mehr als ein paar Wochen Zeit zur Verfügung haben solltest, kannst du zum Beispiel einen Abstecher nach Nicaragua oder Panama machen und gegebenenfalls von dort aus zurückfliegen.

Beste Reisezeit: Das Land lässt sich das ganze Jahr über gut bereisen. Zur Trockenzeit gehören die Monate Dezember bis April mit Temperaturen zwischen 25 und 32 Grad Celsius. Die sogenannte grüne Zeit von Mai bis November ist kühler und regenreicher.

Kolumbien

Dieses noch recht junge Reiseziel für Alleinreisende in Südamerika bietet noch ganz authentische Einblicke jenseits des Massentourismus und sorgt für viel Begeisterung. Aufgrund der immensen Größe des Landes, das dreimal so groß wie Deutschland ist, macht es Sinn, sich auf eine Region zu konzentrieren. Hier bietet sich der Norden an, in dem du tropischen Regenwald mit karibischen Stränden und hübschen Städten im Kolonialstil erleben kannst. Beginnen und enden könnte die Reise somit in Bogotá, das als kulturelles Zentrum des Landes gilt. Weiter sehenswert sind die Städte Medellín, Cartagena und Santa Marta sowie der wunderschöne Nationalpark Tayrona. Fortbewegen kannst du dich mit Bussen, Minivans und Colectivos (Sammelbusse bzw. -taxis); viele Frauen reisen mit einem Mietwagen durch das schöne Land. Eine andere Möglichkeit wäre, gelegentlich Tages- oder Mehrtagestouren in Anspruch zu nehmen. Für diese Reise würde ich mindestens drei Wochen Zeit einplanen.

Beste Reisezeit: In Kolumbien gibt es nur Sommer und Winter, Reisen ist das ganze Jahr über möglich. Als beste Reisezeit für die Karibikküste gelten die Monate Dezember bis April.

Kuba

Diese größte Insel der Karibik gehört zu den schönsten weltweit und hat einen sehr abwechslungsreichen Urlaub zu bieten. Deine Tour nach ein paar Tagen quirligem Havanna kannst du ganz entspannt mit dem sicheren *Viazul*-Bus oder im Taxi colectivo von Ort zu Ort fortsetzen. Besonders das Übernachten in sogenannten Casa Particulares, also bei Kubanern zu Hause, ist eine tolle Sache. Auf jeden Fall solltest du Trinidad, den alten, westlichen Teil von Varadero und das grüne Viñales besuchen. Wenn du mehr Zeit hast, lohnt durchaus auch der etwas weitere Weg nach Santiago de Cuba. Das Land gilt als sicher und das Reisen ist allgemein sehr einfach. Hilfreich wäre es, wenn du mindestens ein paar Worte Spanisch mitbringst, um mit diesen unglaublich netten Menschen dort besser kommunizieren zu können. Was Männer betrifft: Im Vorbeigehen wirst du überall mit Komplimenten überschüttet. Darauf brauchst du in keiner Weise reagieren; geh einfach weiter deines Weges – das ist völlig normal auf Kuba.

Beste Reisezeit: Als besonders geeignet gelten die Monate November bis April mit Temperaturen zwischen 25 und 30 Grad Celsius, da dies die Trockenzeit ist. Dennoch kann die Insel das ganze Jahr über bereist werden, wenngleich zwischen Juni bis November tropische Wirbelstürme vorkommen können.

Laos und Nordthailand

Allein für den romantischen Ort Luang Prabang in Laos könntest du meiner Meinung nach schon eine ganze Woche einplanen. Morgens früh Yoga mit Blick auf den Mekong, in Cafés sitzen, Bummeln durch Straßen im französischen Kolonialstil, zwischendurch Mönche in orangen Gewändern treffen, Paläste besuchen, einen Kochkurs belegen, mit dem Fahrrad die nähere Umgebung erkunden, eine Bootstour unternehmen und am Abend den goldgelben Sonnenuntergang in einem der kleinen Restaurants am Fluss genießen. Weitere sehenswerte Ausflugsziele in Laos könnten die Kuang-Si-Wasserfälle, Vang Vieng und die Hauptstadt Vientiane sein. Die Weiterreise nach Thailand lässt sich mit einer zweitägigen Bootstour verbinden und damit zu einem besonderen Erlebnis machen. Von Houay Xai aus kannst du mit dem Bus entweder nach Chiang Rai, Pai oder Chiang Mai fahren. Für diese Reise-Kombination empfiehlt sich ein Gabelflug, das heißt einen Hinflug nach Luang Prabang oder Vientiane und einen Rückflug von Chiang Mai oder Bangkok (oder umgekehrt).

Solltest du von Chiang Mai nach Bangkok fahren müssen, kannst du den sicheren und angenehmen Nachtzug nehmen.

Beste Reisezeit: November bis März bei Tagestemperaturen um 25 Grad Celsius. Regenzeit ist von Mai bis Oktober, aber auch in diesem Zeitraum kann man gut durch beide Länder reisen.

Mexiko – Yucatán

Dieses riesige Land hat zwar einige gefährliche Ecken, allerdings gehört die Halbinsel Yucatan nicht dazu. Es ist eine leicht zu bereisende Region, in der du vielfältige Möglichkeiten hast. Allerdings würde ich dir zu dieser Reise nicht in der Hauptsaison raten, da es sich um ein beliebtes Urlaubsziel der Amerikaner handelt mit entsprechend erhöhten Preisen und ausgebuchten Unterkünften. Du kannst hier von allem etwas finden: tolle Karibikstrände, chillige Orte, Restaurants und Bars, Tauchreviere, Nationalparks, Pyramiden und jede Menge Leguane. Der Flughafen befindet sich in Cancún, die Stadt selbst ist allerdings nicht besonders schön, weshalb du dich am besten auf andere Ziele konzentrierst: die Insel Holbox, wo du stundenlang am türkisfarbenen Meer entlanglaufen kannst, das Biosphärenreservat Sian Ka'an und die Städte Bacalar, Tulum und Merida. Auch die Ruinen von Palenque sind einen Ausflug wert, und in den Cenotes (Höhlen) bei Tulum kannst du schnorcheln. Bei Cancún bietet sich auch das Tauchen im Unterwasser-Skulpturenpark MUSA an. Tipp: Mit etwas mehr Zeit lohnt ein Besuch der Insel Caye Caulker in

Belize zum Tauchen, Schnorcheln und Entspannen.

Beste Reisezeit: November bis April bei Tagestemperaturen um 30 Grad Celsius. Wenn du der Hochsaison entkommen möchtest, wähle besser eine andere Jahreszeit.

Myanmar

Das frühere Burma hat erst seit ein paar Jahren die Türen für Touristen ge-öffnet und ist seitdem ein beliebtes Reiseziel, das man sehr unterschied-lich gestalten kann. Ankunft ist meist die Hauptstadt Yangon mit der Sh-wedagon-Pagode, dem Wahrzeichen des Landes. Zu den bekanntesten Zielen im Land gehören Bagan mit seinen tausenden Pagoden – das du herrlich mit dem E-Bike erkunden kannst, der Inle-See und seine Einbein-Fischer sowie die Stadt Mandalay und die berühmte U-Bein-Brücke. Der bekannteste Strand heißt Ngapali. Wer mag, kann sich einer einwöchigen Vipassana-Meditation unterziehen. Auch gibt es Möglichkeiten, in Klös-tern zu übernachten, meist im Rahmen von Touren. Die authentischste Art zu reisen ist in diesem Land per Zug, andere Möglichkeiten sind der Bus oder das Boot.

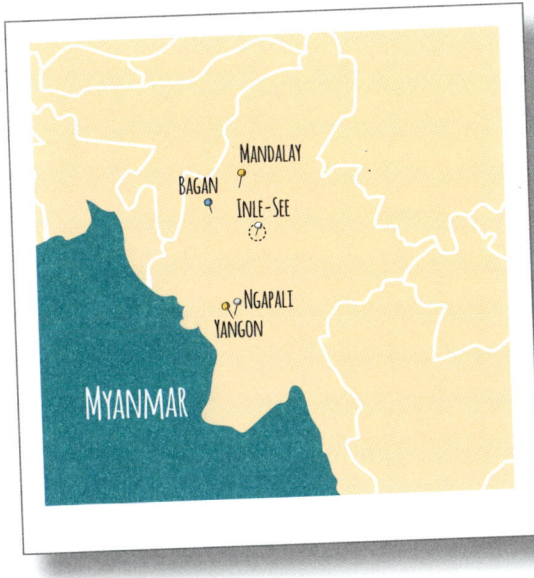

Beste Reisezeit: Die Hauptsaison liegt zwi-schen November und Fe-bruar. Besonders in den klassischen Ferienzeiten (Weihnachten und Neu-jahr) sind insbesondere die Hotels recht teuer, weshalb du diese Zeit besser auslässt. Wenn es ein paar Grad heißer sein darf, kannst du auch März und April in Betracht zie-hen.

Nepal

Das kleine Land zwischen China und Indien bietet eine riesige Auswahl: Kultur, Meditation und Yoga, Eintauchen in den Buddhismus und Hinduismus, weltberühmte Trekking-Routen, Nashorn-Beobachtungen im Süden, Kochkurse, Shopping lokaler Produkte sowie tolles Essen. Im touristischen Zentrum Thamel in Kathmandu kannst du in netten Cafés und Restaurants relaxen, die riesigen Stupas umrunden, den Chitwan-Nationalpark besuchen und preisgünstige Ausflüge in die Umgebung unternehmen. Von der Stadt Pokhara aus mit dem schönen Phewa-See hast du die Möglichkeit, an einer atemberaubenden Trekking-Tour in die Annapurna-Region teilzunehmen. Die Dauer der Touren liegt zwischen 3 und 21 Tagen und du solltest dafür ausschließlich eine gute Agentur in Anspruch nehmen. Auch für soziale Projekte eignet sich Nepal mit seinen sehr herzlichen und freundlichen Menschen hervorragend. Es gilt als sicheres Reiseland mit den klassischen Vorbehalten in Bezug auf Diebstahl und landestypische Kleidung. Wenn du auf Nummer sicher gehen möchtest, kannst du eine Tour bei 3sistersadventuretrek.com buchen. Diese von Frauen gegründete Agentur wird auch von weiblichen Guides geführt.

Beste Reisezeit: Als geeignete Zeit gilt ein angenehm langer Zeitraum von Oktober bis April. Juni bis September ist die regenreichste Zeit, die zudem mit hohen Temperaturen und gleichzeitig hoher Luftfeuchtigkeit verbunden ist. In unseren Wintermonaten kann es besonders nachts recht frisch werden, da manche Unterkünfte keine Heizung haben. Optimal wären daher März und April, auch für Trekking-Touren.

Sri Lanka

Auf dieser sehr schönen Insel südlich von Indien kannst du eine tolle Rundreise unternehmen, die von allem etwas bietet: Die Hauptstadt Colombo, den Strand bei Negombo, das Fort bei Galle, die schöne Küste bei Unawatuna mit den berühmten Stick Fishermen im Süden und die Orte Kandy und Ella mit ihren Teeplantagen. Ein großartiges und angenehm preisgünstiges Erlebnis ist das Reisen mit dem Zug (1. Klasse, Panorama-abteil), der dich durch Höhen und Tiefen einer unglaublich schönen und sehr grünen Landschaft führt. Besonders an den Stränden wird man als Frau häufiger angesprochen, weshalb ich dir von aufreizender Kleidung abrate sowie ein sicheres Auftreten empfehle. Vor der Reise solltest du auch die Sicherheitshinweise checken, da es manchmal politische Unruhen gibt. Ansonsten gilt Sri Lanka als sicheres Reiseland, das übrigens auch für seine Surf-Spots bekannt ist.

Beste Reisezeit: Für die Rundreise von Colombo Richtung Süden und durch den südwestlichen Teil der Insel sind die Monate November bis März die schönsten. Zwischen Mai und September hingegen wäre die Tour wegen des Monsuns eher ungeeignet.

Südafrika

Im sonnigen Kapstadt den Tafelberg besteigen, vom Lion's Head bei Sonnenuntergang auf Kapstadt und das Meer schauen, im Krüger Nationalpark wilde Tiere in freier Wildbahn beobachten, kleinen Pinguinen am Boulders Beach Hallo sagen oder vom Kap der guten Hoffnung auf die traumhaft schöne Küste der Halbinsel schauen ... Klingt toll, oder? Ich persönlich kenne eigentlich niemanden, der von dieser Stadt nicht schwärmt. Du kannst shoppen, sehr gut essen, in Hostels auf Gleichgesinnte treffen und allerlei Ausflüge unternehmen wie zum Beispiel eine drei bis viertägige Tour auf der Garden Route. Letzteres geht auch mit einem Mietwagen bis nach Port Elizabeth, wo du auch noch den Addo Nationalpark mit einbinden könntest. Südafrika schaut auf eine lange Geschichte zurück, die du dir bei deiner Reise vergegenwärtigen solltest, um die Hintergründe und die heutige Kultur besser verstehen zu können. Hilfreich kann hier zum Beispiel ein Besuch des District Six Museum sein, der sich mit einer Township-Tagestour verbinden lässt. Kapstadt gilt als sicher, wenn du die klassischen Regeln beherzigst: Keine Wertsachen offen tragen und nachts nicht um die Häuser ziehen.

Beste Reisezeit: Schön sind die Herbstmonate April und Mai mit milden Temperaturen und geringen Niederschlägen. Für eine Safari sind die Wintermonate Juni bis September bei angenehmen Temperaturen geeignet (Achtung: Die Nächte können dennoch sehr kühl werden). Im südafrikanischen Sommer, also von Mitte Dezember bis Mitte März, musst du mit zum Teil sehr hohen Temperaturen rechnen. Hauptreisezeit ist Dezember und Januar; die touristischen Zentren sind jetzt meist überfüllt und die Preise entsprechend der hohen Nachfrage sehr hoch.

Tansania

Wenn du immer schon einmal eine Safari unternehmen und wilde Tiere aus nächster Nähe in freier Wildbahn erleben wolltest, kommst du bei einer drei- bis achttägigen Safari in der Serengeti auf deine Kosten. In der Stadt Arusha beginnt das Abenteuer, das du nach Belieben mit weiteren Touren durch Nationalparks ergänzen kannst, zum Beispiel den Ngorongoro-Krater, den Tarangire- oder den Manyara-Nationalpark. Campen in freier Natur, nachts umringt von Hyänen und anderen Nahrungssuchenden, lässt deinen Puls definitiv höher schlagen und ist ein wunderschönes Erlebnis. Falls du dich so richtig auspowern möchtest, kannst du noch einen sechstägigen Aufstieg auf den Kilimandscharo dranhängen. Sollte dir aber mehr nach Strand und Sonne sein, könnte eine Weiterreise auf die Insel Sansibar einen schönen Abschluss darstellen. Achte hier am besten auf landestypische Kleidung. Stone Town ist ein nettes Örtchen, von dem aus du verschiedene Touren unternehmen und die Insel besser kennenlernen kannst. Wenn du vorschnelle Liebesbekundungen und Heiratsanträge vermeiden möchtest, nimm dir am besten einen Fake-Ehering sowie Fotos von »deinen Kindern« mit. Als verheiratete Mutter gehst du fast allen Problemen elegant aus dem Weg.

Beste Reisezeit: Sofern du die Kombination Serengeti und Sansibar wählen solltest, wären die Monate Januar und Februar sowie Juli bis September am besten geeignet. Da die Hauptreisezeit in Bezug auf Unterkünfte und Touren recht teuer sein kann, lohnt sich die Planung in der Nebensaison.

174

Thailand

Es ist schon seit jeher das Land der unbegrenzten Möglichkeiten. Worauf du auch immer Lust hast, Thailand kann nahezu alle Reisewünsche erfüllen. Hier gibt es Kultur, Strände, Bangkok als pulsierende Metropole, Inseln, Regenwälder und vor allen Dingen nette Menschen. Auch mit einem geringeren Budget kannst du hier einen tollen Urlaub verbringen; in Bangkok muss man meines Erachtens ohnehin einmal im Leben gewesen sein. Brodelnde Garküchen, paradiesische Strände, buddhistische Tempel ... Du musst dich nur noch der Qual der Wahl hingeben und Entscheidungen für deine Ziele treffen. Da das Land als sehr sicher gilt, kannst du dich auch gut außerhalb der touristischen Gebiete aufhalten und neue Wege gehen. Als noch nicht so überlaufene, superschöne Inseln gelten zum Beispiel Koh Chang, Koh Samet, Koh Nang Yuan, Koh Yao Yai, Koh Ngai, Koh Kood – um nur einige zu nennen, da kannst du dich vor Ort von Bangkok aus weiterorientieren. Gut verbinden kannst du die Thailand-Reise zum Beispiel mit einem Abstecher nach Kambodscha auf dem Landweg.

Beste Reisezeit: Eine einheitliche Reisezeit gibt es aufgrund der Größe des Landes nicht. Auf den genannten Inseln beziehungsweise im Südwesten des Landes fällt die Regenzeit auf die Monate Mai bis Oktober; als beste Reisezeit gelten daher Dezember bis April mit Temperaturen über 30 Grad Celsius.

Vietnam

Ein quirliges Land, das fast alles zu bieten hat: Im Norden die Stadt Hanoi, im Hochland die Region Sapa mit ihren grünen Reisterrassen, die romantische Ha Long Bucht, den zauberhaften Ort Hai An, weiter im Süden den Trubel der Großstadt Ho Chi Minh mit Ausflügen ins Mekongdelta zu den schwimmenden Märkten oder Chillen auf der Insel Phuo Quoc. Für ein paar Tage Strandurlaub stehen auch noch weitere kleine Inseln zur Auswahl. Die Vietnam-Reise ist trotz des großen Ansturms seit vielen Jahren relativ preisgünstig, man ist dort bestens auf Touristen eingestellt, trifft viele Mitreisende und kann sich entsprechend gut verständigen. Man kommt prima von A nach B und hat viele Möglichkeiten zur Weiterreise. Da das Land lang und schmal ist, empfehle ich dir unbedingt einen Gabelflug, etwa einen Hinflug nach Hanoi und einen Rückflug von Ho Chi Minh (oder umgekehrt).

Beste Reisezeit: Für das Land gibt es aufgrund seiner verschiedenen Klimazonen keine einheitliche, perfekte Reisezeit, wobei die Monate Dezember bis April die beste Wahl für eine Tour durch das gesamte Land darstellen dürften. Die Temperaturen liegen in der Regel zwischen 25 und über 30 Grad Celsius bei hoher Luftfeuchtigkeit, wobei es zur gleichen Zeit in Hanoi kühler ist und im Norden bei Sapa sogar recht kalt sein kann.

Mindestens vier Wochen auf Reisen

Wenn du mehrere Wochen oder sogar Monate Zeit haben solltest, kannst du natürlich die oben genannten Routen und Ziele entsprechend ausdehnen, kleinere Orte besuchen und weiter in die Kultur und das Land eintauchen. Alternativ lassen sich einzelne Ziele miteinander verknüpfen, da einige der in diesem Buch aufgeführten Länder ohnehin nebeneinanderliegen.

Australien

Am anderen Ende der Welt und traumhaft schön! Australien hat alles, was das Reise-Herz begehrt: Strände mit unvergesslichen Sonnenuntergängen, eine beeindruckende Tierwelt, fantastische Natur, Metropolen wie Sydney und Melbourne, berühmte Tauch- und Surf-Spots und nicht zuletzt sehr nette und entspannte Menschen. Ein sicheres Reise- und zudem klassisches Backpacker-Land, auch wenn du wahrscheinlich – je nach Geschicklichkeit bei den Buchungen – etwas tiefer in die Tasche greifen musst. Flug, Unterkünfte und Transfers sind verhältnismäßig teuer, weshalb sich nur eine längere Reise dorthin wirklich lohnt. Auch nicht zu unterschätzen ist die immense Größe Australiens, weshalb du dich selbst bei vierwöchiger Dauer am besten für eine Region oder ein bis zwei Bundesstaaten entscheidest. Sehr schön ist der südöstliche Teil mit den beliebten Städten Adelaide, Melbourne, Sydney, Brisbane, wo sich auch die Great Ocean Road, die Inseln Kangaroo Island und Tasmanien befinden. Ebenso ist die weniger touristische, dafür aber landschaftlich faszinierende Westküste eine Reise wert. Die verschiedenen Strecken kannst du sehr gut mit Fernbussen wie *Greyhound* zurücklegen. Hast du gleich mehrere Monate Zeit, könntest du die Reise natürlich auch mit Neuseeland verbinden. In der riesigen Facebook-Gruppe »Backpacker Australien« bekommst du außerdem Tipps und viel Inspiration.

Beste Reisezeit: Australien wird in mehrere Klimazonen unterteilt. Generell gelten die Monate Oktober bis März als beliebt, die allerdings in der Regel auch teurer sind in Bezug auf Unterkünfte und Touren. Für eine Reise in den Südosten bieten sich am ehesten die Monate November bis März mit Temperaturen zwischen 25 und 30 Grad Celsius an.

Neuseeland

Viele träumen ihr Leben lang davon, einmal für mehrere Wochen dieses wunderschöne und ferne Paradies bereisen zu können. Neuseeland besteht aus zwei großen und mehreren Hundert kleinen Inseln. Atemberaubende Landschaften, menschenleere Traumstrände, überwältigende Fjorde, dichte Regenwälder, das Auenland aus dem Film *Der Hobbit*, unheimliche Höhlensysteme, die Städte Auckland, Wellington, Queenstown und Christchurch, Walbeobachtungen sowie traumhafte Berge und Wanderungen ... Am Ende wird man hier wahrscheinlich gar nicht mehr weg wollen. Viele bereisen das Land mit einem Mietwagen, was natürlich allein teurer sein wird. Andere kaufen sich einen Camper und verkaufen ihn zum Schluss wieder. Alternativ kannst du dich in einem Ort niederlassen und von dort aus Touren unternehmen.

Beste Reisezeit: Die Jahreszeiten sind genau entgegengesetzt zu den deutschen; wenn hier Sommer ist, herrscht in Neuseeland Winter. Allgemein ist das Klima dort recht mild, obwohl sich das Wetter in den verschiedenen Regionen unterscheidet. Im Norden und Osten gibt es häufiger Sonne und es fällt weniger Regen als im Süden und Westen. Wenn du die Nord- und Südinsel bereisen möchtest, wäre die beste und wärmste Reisezeit der neuseeländische Sommer, also die Zeit von Dezember bis Februar.

Mittel- und Südamerika

Sofern du mehrere Wochen oder gleich Monate zur Verfügung hast, kannst du dich auf dem amerikanischen Kontinent wunderbar austoben. Diese Reise wird wahrscheinlich etwas kostenintensiver sein als ein längerer Aufenthalt in Südostasien und natürlich völlig anders. Mach dich darauf gefasst, dass sie einen sehr großen Platz in deinem Gedächtnis einnehmen wird! Die Länderkombination einer Tour kann je nach Geschmack und Dauer der Reise sehr unterschiedlich gestaltet werden. Hier bieten sich Routen an, in die du zum Beispiel Miami, Kuba, Mexiko/Yucatán, Belize, Guatemala, Costa Rica und Panama miteinander verknüpfst. Oder weiter südlich Kolumbien, Ecuador, Peru, Bolivien und den Norden Chiles mit der Salzpfanne Salar de Uyuni und der Atacama-Wüste. Die Möglichkeiten sind endlos. Wenn dir viel Zeit zur Verfügung steht, fange am

besten in einem Land deiner Wahl an und lasse dich dann treiben. Die Route ergibt sich meist wie durch ein Wunder ganz von selbst.

Südostasien

Mit diesem Ziel beginnen viele Langzeitreisende, weil die meisten Länder nicht nur preisgünstig zu bereisen sind, sondern auch viele Begegnungen mit Gleichgesinnten ermöglichen. Auch in dieser Region kannst du einzelne Länder wunderbar miteinander kombinieren, und das sogar authentisch auf dem Landweg per Bus, Boot und Tuk Tuk oder mit Minivan, Zug oder Moped. Je nach Reisedauer bietet sich zum Beispiel folgende Tour an: Vietnam, Laos, Kambodscha, Myanmar, Thailand und/oder Malaysia, Singapur, Indonesien. Wenn du etwas abenteuerlicher veranlagt sein solltest, kann ich dir empfehlen, dich ein wenig von den seit Jahrzehnten tief eingetretenen Pfaden zu entfernen und dich an die Regionen und Inseln heranzutasten, die noch nicht auf jeder Top-Ten-Bucket-List stehen. Es gibt noch eine Vielzahl relativ unentdeckter kleiner Plätze und individueller Paradiese. Die eigenen Entdeckungen bleiben in der Erinnerung meist stärker haften – so zumindest meine Erfahrung. Tipps, Inspiration und Hilfestellung bekommst du auch in der Facebook-Gruppe »Südostasien Backpacker«.

Mein Tipp: Wir neigen heute dazu, möglichst viel und alles sehr schnell erleben zu wollen. Da die meisten von uns aber mindestens 70 Jahre alt werden, haben wir viel Zeit die Welt kennenzulernen. Gestalte deine Reise daher ruhig mit Muße und tauche in ein Land und dessen Kultur ein, statt nur von Ort zu Ort zu huschen. Ich selbst wünschte mir, dies früher an mancher Stelle mehr beherzigt zu haben.

In diesem Kapitel habe ich eher klassische Reiseziele beschrieben, um dir den Einstieg in die Alleinreise-Welt zu erleichtern. Wenn du nach abenteuerlicheren oder ausgefalleneren Orten suchst, schau doch mal auf meinem Blog *Bravebird* vorbei.

ROADTRIPS DURCH EUROPA

Meine mittlerweile liebste Reiseart – mit Auto oder Wohnmobil – hat einen gewaltigen Vorteil, und der heißt: ultimative Freiheit! Man kann jederzeit losfahren, einsteigen, aussteigen, anhalten, weiterfahren und den Wagen auch mal eine längere Zeit stehen lassen, ohne dass hohe Mietwagengebühren ein Loch ins Portemonnaie reißen –, sofern man mit dem eigenen Auto unterwegs ist. Zugleich ist diese Art zu reisen echt oldschool und damit wiederum supercool. Gasbrenner an, mit Kaffeebecher und zerzausten Haaren morgens am See sitzen, abends mit Ameisen oder Mücken kämpfen und schlichtweg feststellen, dass das einfache Leben ganz wundervolle Seiten hat und man so viel Schnickschnack um sich herum – eigentlich – gar nicht braucht. Mir gefällt besonders die Nähe zur Natur, das hautnahe Erleben der Jahreszeiten und das Wiederentdecken der Sinne, denen man im Alltag meist viel zu wenig Bedeutung und Beachtung schenkt.

Eine Menge Möglichkeiten

Wie man unterwegs ist, hängt in erster Linie vom Budget, dem Vorhandensein eines eigenen Autos und natürlich von den eigenen Vorlieben ab. Hast du kein Auto, kannst du dich mit Zelt, Schlafsack und etwas Camping-Equipment in den Zug setzen und ein Ziel deiner Wahl anpeilen. Manche nehmen hierfür auch ein Fahrrad mit, wodurch man zum einen bessere Möglichkeiten hat, sein Gepäck unterzubringen, und zum anderen problemlos von Ort zu Ort weiterreisen kann. Alternativ kannst du bei dieser Reiseart zwischendurch natürlich auch einmal in einem Hostel, in einer Jugendherberge oder in einer privaten Unterkunft übernachten. Verfügst du über ein Auto, in dem du aber nicht übernachten kannst, ist es im Grunde ähnlich. Du wirfst dein Zelt und deine Camping-Ausrüstung in den Kofferraum, dazu Kleidung und bei Bedarf einige Lebensmittel und fährst drauflos. Manche Campingplätze haben kleine Hütten, zum Beispiel in Form eines Weinfasses, eines Tipis oder eines Zirkuswagens, die als Übernachtungsmöglichkeit dienen. Viele Frauen lassen aus ihrem Wagen auch einfach die Rücksitzbank ausbauen und legen eine Matratze zum Schlafen hinein. Nun braucht es für die Nacht nur noch einen Sichtschutz für die Scheiben – fertig ist das individuelle Wohnmobil. Eine andere, sehr praktische Variante ist ein sogenanntes Dachzelt. Es kann einfach auf dem Dachgepäckträger angebracht werden, dient somit als praktischer und vor allem bequemer Schlafplatz und lässt noch viel Stauraum im Auto frei.

Lohnt sich ein Zweitwagen?

Wenn du echtes Vanlife praktizieren möchtest und das auch für eine längere Zeit, lohnt die Überlegung, sich einen Camper zuzulegen. Das kann ein älteres oder jüngeres VW-Bus-Modell sein (der T4 gehört aktuell zu den günstigsten Modellen) oder ein Berlingo, Doblò, Combo, Kangoo, Kastenwagen oder Caddy. Wenn du dir dieses Fahrzeug als Zweitwagen zulegst und nur zeitweise nutzt, kann das unter Umständen ein teures Vergnügen sein, da möglicherweise eine monatliche Stellplatzmiete anfällt. Hinzu kommen abgesehen vom Wertverlust Faktoren wie Steuer, Versicherung, eventuelle Reparaturen, TÜV, Pflege und An- und Abmeldegebühren. Daher gilt es vor einem Kauf abzuwägen, ob sich eine gelegentliche Miete nicht besser rechnet, denn hierbei entfällt auch das Risiko einer unerwarteten und möglicherweise hohen Reparatur.

Kaufen oder mieten?

Mittlerweile gibt es Mietportale im Internet, wo man sich einfach einen Camper von einem privaten Wohnmobil-Besitzer mieten kann. Dazu gehören zum Beispiel *Paul Camper*, *Share a Camper* oder *Campanda*. Hier liegt der Vorteil darin, dass man neben der Miete selbst nur noch Sprit und den Campingplatz bezahlen muss, aber keine Instandhaltungskosten hat. Die meisten Vans kosten pro Tag zwischen 50 und 100 Euro; bei einer zweiwöchigen Reise wären das im günstigsten Fall 700 Euro. Je nach Strecke kommen mehrere Hundert Euro für Benzin/Diesel und eventuell Camping- oder Stellplatzgebühren von etwa 20 Euro pro Nacht hinzu. Das mag zunächst hoch erscheinen, andererseits müsste man die Gesamtausgaben für ein eigenes oder Zweitfahrzeug diesen Kosten gegenüberstellen, um die beste Variante herauszufinden. Eine geeignete Lösung ist hier sicher der temporäre Umbau des eigenen Wagens beziehungsweise ein Dachgepäckträger, den man ebenfalls kaufen oder mieten kann.

Wohnmobil – das fahrbare Zuhause

Vor meiner ersten Reise im Camper fragte ich mich zunächst, wie ich wohl meine Zeit verbringen würde. Schließlich waren diese gerade mal 9 Quadratmeter meines alten VW-T3-Busses als meine neue, fahrbare Wohnung nicht gerade ein riesiger Raum, der viel Abwechslung bietet. Auch wusste ich nicht, ob es überall Internet gibt, und irgendwo im Nirgendwo offline und allein zu sein, war selbst für mich als erfahrene Alleinreisende eine etwas komische Vorstellung. Aber es stellte sich schnell heraus, dass sämtliche Zweifel völlig unnötig waren. Die Zeit vergeht wider Erwarten meist viel zu schnell, denn allein schon genüsslich kochen, Kaffee zubereiten, ein-, aus-, um- und aufräumen, waschen, spülen, sortieren, navigieren, fahren, einkaufen, E-Mails checken, den Reiseführer nach einem neuen Ziel durchforsten, andere Menschen kennenlernen ... Eigentlich ist man ständig beschäftigt, sodass mir oft sogar Zeit fehlt. Ich weiß, das klingt erstaunlich – probiere es doch einfach selbst einmal aus! Diesem Abenteuer schließen sich immer mehr Frauen an. Mittlerweile leben viele sogar in ihrem ausgebauten Auto oder Camper, reisen damit von Land zu Land und finanzieren die Reise meist ortsunabhängig am Laptop. Auf diese Weise kann man an den schönsten Orten in Südeuropa überwintern, mit wenig Geld abends mit aufgeklappten Türen am Strand übernachten und gemütlich die schönsten Ecken der Natur entdecken. Das eigene Auto um sich herum zu haben birgt zudem eine Menge (gefühlte) Sicherheit und ist ein weiterer Pluspunkt für diese Reiseart.

Reiseausstattung im Camper

Neben Kleidung, Kosmetika und Bettzeug gibt es noch ein paar weitere Dinge, die auf der Reise nützlich sein können. Da wären zunächst einmal für die Selbstversorgung Gasflasche und -kocher, Besteck, Töpfe, Teller und Tassen und eventuell Lieblings-Lebensmittel, die du im Reiseland nicht kaufen kannst. Ohne guten Kaffee morgens geht bei mir gar nichts, weshalb ich immer einen kleinen Bialetti-Espressokocher dabeihabe, der mir innerhalb von zwei Minuten perfekten Kaffee liefert! Wenn du unterwegs auf Strom zurückgreifen kannst, ist eine kleine Einzelkochplatte eine gute Lösung. Gleiches gilt für einen Heizlüfter, denn gerade in Richtung Norden kann es nachts manchmal selbst im Sommer recht frisch werden. Zum Schlafen verwende ich meist einen Schlafsack, der mittels Reißverschluss komplett geöffnet und als Decke verwendet werden kann. Dadurch ist er bei sehr unterschiedlichen Temperaturen nützlich. Des Weiteren gehören für mich ein Campingstuhl und ein kleiner Tisch zur Ausrüstung. Um mein Handy als Navigationsgerät zu verwenden, propfe ich eine Autohalterung an die Windschutzscheibe. Und da die App bei aktiver Nutzung viel Akku-Leistung verbraucht, schließe ich das Smartphone per USB-Ladegerät an den Zigarettenanzünder an. Wichtig sind auch eine Fußmatte zum Abklopfen der Schuhe sowie verschiedene Putzlappen und Handtücher, um auch bei Regentagen in der kleinen Behausung alles trocken und sauber halten zu können. Da man meist nicht jeden Tag an einem Supermarkt vorbeikommt, ist ein weiterer Aspekt die Kühlung von Lebensmitteln und das besonders in wärmeren Regionen. Wenn du nicht in einem Camper mit integriertem Kühlschrank unterwegs sein solltest, kannst du dir eine Kühlbox für den Zigarettenanzünder besorgen. Es empfiehlt sich eine hochwertigere, geräuscharme Box mit der Energieeffizienzklasse A. Flaschen und fest verschlossene Sachen kannst du in kälteren Nächten auch unter dem Auto lagern oder in einem Fluss oder See in der Nähe kühlen. Ich habe außerdem immer noch eine Menge Bücher und Magazine dabei, die ich mangels Zeit am Ende dann allerdings doch nicht lese. Manchmal nehme ich auch Häkel- oder Strickzeug mit, um neue Behältnisse, Taschen oder Mützen zu fabrizieren.

Wie und wo übernachten?

Ob lieber Camping-, Stellplatz oder Wildcampen – das hängt von deiner individuellen Vorstellung ab. Ich für meinen Teil bin aus unterschiedlichen Gründen gern auf Campingplätzen. Anfangs hatte ich Bedenken wegen des allseits bekannten Rentner-Klischees, das sich aber inzwischen relativiert hat, weil immer mehr junge Menschen und Familien diese Art zu reisen für sich entdeckt haben. Meine persönlichen Gründe sind:

- Zwischendurch bevorzuge ich Gesellschaft, da ich ohnehin schon allein unterwegs bin.
- Der Campingplatz bietet maximale Sicherheit und dadurch entspannten Schlaf.
- Regelmäßige Körperpflege und Sanitäranlagen sind mir wichtig.
- Da ich meist viele Wochen unterwegs bin und währenddessen auch am Laptop arbeite, brauche ich oft WLAN und natürlich Strom.
- Bei guter vorheriger Recherche finde ich oft Plätze mitten im Grünen und direkt am Meer, See oder Fluss.

Nachteil ist natürlich, dass ein Campingplatz nicht umsonst ist. Eine günstigere Alternative sind Stellplätze, die in der Regel eher einem Parkplatz ähneln und nur mit den notwendigsten Services ausgestattet sind. Ich selbst handhabe es inzwischen meist so, dass ich so gut wie nichts im Voraus plane und einfach drauflos fahre. Mir gefällt es, dem Herzen zu folgen und zu sehen, wohin der Wind mich weht. Das Ergebnis ist immer toll! Wenn sich während der Fahrt der Tag Richtung Ende neigt, schaue ich im Camping- oder Stellplatzführer der Region oder im Internet nach empfehlenswerten Übernachtungsmöglichkeiten. Manchmal kann man auch bei einem Bauernhof nachfragen, ob man sich über Nacht auf die Wiese stellen darf. Die Möglichkeiten sind hier sehr vielfältig. Tipps und Hilfestellung findest du auch in der Facebook-Gruppe »Vanlife Girls«.

Das Wildcampen allerdings ist so eine Sache. Viele Frauen bevorzugen diese Art zu übernachten, also einfach irgendwo zu parken und dort im Wagen zu schlafen – da sind die Geschmäcker und natürlich auch Geldbeutel verschieden. Wenn du wild campen möchtest, erkundige dich am besten vorher, ob es in dem entsprechenden Reiseland erlaubt ist. In Schweden, Norwegen und Finnland zum Beispiel gilt das Jedermannsrecht, das heißt, auf öffentlichen Parkplätzen, am Ende von Straßen und direkt am Strand kann man problemlos und natürlich kostenfrei übernachten. In anderen Ländern gibt es dagegen eine Strafe, wenn man erwischt wird. Vorsicht ist auf jeden Fall auf Raststätten und Autobahn-Parkplätzen geboten. Es gibt immer wieder Vorfälle, in denen nachts K.-o.-Gas durch die Ritzen in das Auto gesprüht wird und Einbrecher ins Auto eindringen ... Also bitte aufpassen und im Reiseführer nachschauen, oder in Internetforen oder Facebook-Gruppen wie »Frei stehen – autark campen« nachfragen!

Im Wohlfühltempo unterwegs

Wie lange du an einem Ort oder in einer Region bleibst, ist Geschmackssache. Für Anfängerinnen empfehlen sich daher erst mal kleinere Wochenendausflüge in der Nähe, um das eigene Wohlfühltempo herauszufinden. Ich persönlich bin besonders bei längeren Routen mit der Zeit immer langsamer geworden, denn zu schnell von Ort zu Ort reisen, kann ziemlich stressig werden: das Fahren in neuer oder ungewohnter Umgebung, Einpacken, Auspacken, Navigieren und so weiter. Und noch eins in Sachen Timing: Wenn dir deine Navigation bei einer Routenberechnung eine Zeitangabe in Form von Stunden angibt, solltest du nochmals eine gehörige Portion dazurechnen. Pausen zwischendurch, Tanken, mal irgendwo anhalten, in ein Örtchen fahren, einkaufen und so weiter kostet extra Zeit Wenn also zum Beispiel acht Stunden Fahrtzeit angegeben werden, rechne ich gleich mit insgesamt elf bis zwölf Stunden, splitte diese Strecke in jeweils fünf bis sechs Stunden pro Tag und plane eine Übernachtung ein. Dadurch mache ich sozusagen den Weg zum Ziel: Ich habe anstatt eines anstrengenden und monotonen Fahrtages zwei angenehme Tage mit etwas Sightseeing und Spaziergängen. Hierfür schalte ich nicht selten in den Routenoptionen von Google Maps »Autobahnen vermeiden« ein und vergnüge mich dann auf den meist zeitintensiveren, dafür aber schöneren Landstraßen. Wenn ich in einer schönen Gegend bin, nutze ich gern die Umkreissuche in einer App wie *AroundMe* und schaue, ob es etwas Sehenswertes in der Nähe gibt.

Reisen mit Hund

Wenn du einen oder vielleicht sogar zwei Vierbeiner haben solltest, ist das genau die richtige Reiseart für dich! Während ich meine erste große Tour mit dem VW-Bus durch Nordeuropa ohne Hund vollbracht habe, bin ich am Ende meiner darauffolgenden Weltreise auf einen Hund in Mexiko gestoßen, ohne den ich nicht zurückfliegen wollte. Seitdem verbringen die kleine Conchi und ich (bis auf wenige Ausnahmen) jede Minute miteinander und das natürlich auch auf Reisen. Mittlerweile haben wir gemeinsam bereits fünfzehn Länder in Europa bereist und das klappt absolut fantastisch. Der große Vorteil bei der Reise mit Hund ist, dass man lange Spaziergänge unternimmt, wodurch man viel mehr vom Land und der Natur kennenlernt. Gleichzeitig ist ein Hund natürlich eine gute Alarmanlage, denn er kann zum Beispiel normale von ungewöhnlichen Geräuschen abends und nachts bestens unterscheiden und macht sich dabei bemerkbar. Zu beachten gilt, dass natürlich alle Impfungen im EU-Pass eingetragen sein müssen und der Hund gechipt ist. Bei der Reise in wärmere Regionen musst du darauf achten, dass er bei praller Sonne nie im Auto gelassen werden darf. Ich habe auch während der Fahrt immer eine Flasche mit Kranwasser dabei. Hinsichtlich des Reiseziels gilt es rund um das Mittelmeer zu beachten, dass hier verschiedene Risiken lauern, die durch Mücken oder Zecken übertragen werden können und teilweise nicht oder nur schwer zu behandeln sind. Hierzu gehören Infektionskrankheiten wie Leishmaniose, Ehrlichiose, Borreliose und Babesiose. Wenn du eine Reise gen Süden mit Hund machen solltest, ist eine entsprechende Prophylaxe gegen Mücken und Zecken daher sehr wichtig. Lass dich von deinem Tierarzt beraten. Meist werden Spot-on-Produkte und Halsbänder verwendet. Zu den risikoreichsten Ländern gehören besonders die Länder im Mittelmeerraum, also Frankreich, Spanien, Portugal, Griechenland, Italien, Kroatien, Montenegro, Bosnien und Herzegowina und die Türkei, zu den risikoärmsten Irland, Großbritannien, das Baltikum und Finnland. Ausführliche Informationen zum Reisen mit Hund findest du auch auf meinem Blog unter »Reisen mit Hund«.

Internet auf vier Rädern

Vor ein paar Jahren musste ich mich an manchen Orten noch hektisch auf die Suche nach WLAN oder einer Prepaidkarte des Reiselandes begeben, was sich inzwischen durch hervorragende Internet- und Roaming-Tarife erübrigt hat. Mittlerweile gibt es deutsche Handytarife für etwa 35 Euro (bis zu 10 GB Datenvolumen inklusive Telefon-Flatrate innerhalb der EU) monatlich, womit man auch im Ausland unentwegt und ausgiebig auf das Internet zugreifen kann. Nur für Filme und Videos sollte man auf WLAN im Café, Restaurant, Hotspot oder auf einem Campingplatz zurückgreifen, sonst ist das verfügbare Volumen schnell verbraucht. Wenn du das Datenvolumen deines Smartphones auch auf deinem Laptop nutzen möchtest, brauchst du bei deinem Handy nur die Funktion »Persönlicher Hotspot« einschalten und daraufhin bei den verfügbaren Netzwerken deines Laptops nach deinem Namen zu suchen. Jetzt nur noch das im Smartphone ersichtliche WLAN-Passwort eingeben, und schon kannst du mit Handy und Laptop surfen. Also sehr easy! Ach so, und solltest du dir über den Netz-Empfang in anderen Ländern Sorgen machen, kann ich dich auch hier beruhigen. Es mag meine subjektive Erfahrung sein, aber den schwächsten und schlechtesten Empfang Europas konnte ich bisher in Deutschland feststellen, wo es viele Gebiete ohne Netz gibt.

Sicherheitshinweise

Nach meiner bisherigen Erfahrung – und das sind mittlerweile Reisen in über zwanzig Länder Europas – gibt es tendenziell keine besonderen, frauenspezifischen Gefahren. Natürlich besteht das Risiko eines Unfalls oder Diebstahls, aber ansonsten kannst du eigentlich alles genauso handhaben wie in deiner Heimat auch. Die größtmögliche Sicherheit hast du auf einem Campingplatz. Ansonsten macht natürlich auch die Wahl des Reiselandes eine Menge aus. Je nach Land oder Region möchte ich dir daher davon abraten, auf Autobahn-Raststätten oder -Tankstellen zu übernachten. Manche Frauen stellen zur Vorsorge über Nacht einen Hundenapf ans Auto (auch, wenn kein Hund dabei ist) oder hängen eine Krawatte über den Fahrersitz. Zum Schutz vor einem möglichen Diebstahl des Fahrzeugs kannst du eine Lenkrad-Kralle, Pedal-Sperre oder Kombination aus beidem nutzen. Wertsachen sollten zudem immer versteckt aufbewahrt werden.

Versicherungen, Gebühren und Pflichten im Ausland

Die Kfz-Haftpflichtversicherung ersetzt Schäden, die Dritte beim Gebrauch des Fahrzeugs erleiden, die Teilkaskoversicherung im Rahmen deines abgeschlossenen Tarifes Schäden am Fahrzeug, zum Beispiel durch Naturereignisse und Diebstahl. Empfehlenswert kann ein Schutzbrief sein, den du meist über deine Kfz-Versicherung erwerben kannst. Durch ihn ist beispielsweise Pannenhilfe und Abschleppen gesichert. Grundsätzlich empfiehlt sich, vor der Abfahrt bei der Versicherung anzurufen und nachzufragen, ob alles Notwendige für dein Reiseziel abgesichert ist. Für einige wenige Länder wirst du an der Grenze eine grüne Versicherungskarte vorlegen müssen (etwa Bosnien und Herzegowina). Sie dient dort als Nachweis deines Versicherungsschutzes. Die grüne Karte kannst du kostenlos bei deiner Versicherung anfordern. Solltest du einen Unfall haben, rufe auf jeden Fall die Polizei an und dokumentiere die Situation bestmöglich mit Fotos. In Notfällen gilt europaweit die Telefonnummer 112. Wenn die Schuldfrage nicht gleich eindeutig ist, verhalte dich am besten zurückhaltend und gib kein Schuldbekenntnis vor Ort ab. Lasse die Daten zum Unfall sachlich aufnehmen und unterschreibe keinesfalls ein Dokument, dessen Inhalt du sprachbedingt nicht verstehen solltest. Eine Überlegung wäre außerdem, eine spezielle Kfz-Rechtsschutzversicherung abzuschließen; manchmal ist sie auch schon in der regulären enthalten. Erkundige dich hier, ob sie auch für eventuelle Rechtsstreitigkeiten bei Unfällen im Ausland gilt.

In verschiedenen Ländern wirst du vor der Einreise eine Vignette kaufen müssen (zum Beispiel Österreich, Schweiz, Slowenien oder Slowakei). Zu kaufen gibt es sie in kleinen Büros vor der Grenze oder in grenznahen Tankstellen. Die Preise können nach Land und Gültigkeitszeitraum variieren. Für die Schweiz gibt es nur eine Jahres-, für Österreich auch eine Mehrtages- oder Monats-Vignette. Andere Länder wiederum haben ein Mautsystem auf Autobahnen, bei dem du ähnlich wie bei uns im Parkhaus beim ersten Schalter ein Ticket ziehst und bei der Ausfahrt eine Gebühr entsprechend der Länge deiner Strecke bezahlst. Auch dies handhaben die Länder unterschiedlich: Manche Automaten sind voll elektronisch, das heißt, du steckst entweder deine EC- oder Kreditkarte in den Schlitz mit Eingabe deiner Pin oder wirfst dein Geld in ein dafür vorgesehenes Fach; an anderen Automaten wird das noch durch Personal gehandhabt. Alles in allem sehr einfach und nichts, wovor du dich fürchten solltest. Die Gebühren können, zum Beispiel in Frankreich, Italien, Portugal, Spanien oder Kroatien, ganz schön ins Geld gehen, weshalb du hier eventuell ein wenig vorausschauend planen und fahren solltest. Manchmal kann auch ein Landweg ganz schön sein, wenngleich er etwas länger dauern wird. Solltest du die Alpen ansteuern wollen, erkundige dich am besten vorher nach eventuellen Kosten für die Tunnel- oder Pass-Fahrt. Die Wahl des gerade mal etwas über 11 Kilometer langen Montblanc-Tunnels zwischen

Frankreich und Italien kostet oneway je nach Fahrzeug bereits mindestens 35 Euro. Ich habe übrigens bei längeren Roadtrips meist einen größeren Camping-Reiseführer dabei, in dem alle notwendigen und länderspezifischen Details aufgeführt sind. In sehr vielen Ländern musst du beispielsweise auch tagsüber das Licht einschalten, woran man sich erst mal gewöhnen muss. Wenn du eine Tour durch mehrere Länder planst, achte auf die unterschiedlichen Benzinpreise. Manchmal lohnt es sich, kurz vor der Einreise in ein neues Land noch mal vollzutanken. Wichtig ist auch die Beachtung von Geschwindigkeitsbegrenzungen, die von Land zu Land unterschiedlich sind. Gerade auf längeren Strecken kann man schon mal das Tachometer aus den Augen verlieren. Knöllchen können allerdings unter Umständen ganz schön teuer sein, weshalb ich dazu übergegangen bin, mir einen eher defensiven Fahrstil anzueignen. Das Fahren ohne Bleifuß hat zudem den Vorteil, dass man mehr vom Land mitbekommt.

Beste Reisezeit

Einmal abgesehen von der unglaublichen Auswahl an Reisezielen können wir das ganze Jahr über mit dem Auto unterwegs sein. Selbst im Winter reisen viele Vanlife-Liebhaber nach Portugal, wo die Temperaturen in der Regel nicht unter 10 Grad Celsius sinken und man für wenig Geld in totaler Freiheit Tag für Tag entspannt aufs Meer schauen kann. Von Frühling bis Herbst steht dir ansonsten fast jedes europäische Reiseziel offen. Je mehr du Richtung Norden fahren möchtest, umso niedriger werden die Temperaturen sein. Daher eignet sich dafür eher der Sommer, während du in den Monaten April und Mai sowie September und Oktober noch wunderbar durch Mittel- und Südeuropa reisen kannst. Ich für meinen Teil bin zum Beispiel ungern extremer Hitze ausgesetzt, weshalb ich die Sommermonate im nördlicheren Europa bevorzuge und dann lieber in der Nebensaison weiter nach Süden fahre. Das hat den Vorteil, dass ich gleichzeitig weniger dem Tourismus ausgesetzt bin und Camping- oder Stellplätze nicht vorbuchen muss.

Bedingt durch die Tatsache, dass Camping weiterhin stark boomt, sind besonders die sonnigen Orte an der deutschen Nord- und Ostsee, an den niederländischen und belgischen Küsten, am Mittelmeer sowie der Atlantikküste von Frankreich, Spanien und Portugal in den klassischen Schulferienzeiten und an langen Wochenenden gänzlich überfüllt. Wenn du es also lieber ruhiger magst und das Reisen jenseits der Touristenmengen bevorzugst, kannst du diese populären Ferienziele am besten in der Nebensaison anpeilen und den kühleren Norden (Irland, Großbritannien, Skandinavien, Finnland, Baltikum) eher in der Sommerzeit. Weitere attraktive Ziele ohne Menschenmengen könnten in den Sommermonaten die Länder sein, die viel Natur zu bieten haben, jedoch mangels Meernähe nicht so beliebt sind. Hierzu zählen zum Beispiel Slowenien, Tschechien, Polen (außer der Ostseeküste), Luxemburg, Österreich, Bosnien und Herzegowina, der Norden von Montenegro, Ungarn, Rumänien und andere. Am Ende wirst du mit Auto aber auch jenseits der klassischen Sightseeing-Spots sogar während der Hochsaison immer schöne Plätze finden, wo es sich entspannt übernachten lässt.

Routenvorschläge

Wir haben das große Glück, dass Deutschland gleich an sage und schreibe neun Nachbarländer grenzt. Man muss also meist gar nicht so weit fahren, um mal für ein paar Tage irgendwo in der Natur zu sein und auf andere Gedanken zu kommen. Ich fahre beispielswese regelmäßig einfach mal für ein Wochenende an einen See oder in ein Naturschutzgebiet, um dort spazieren zu gehen, zu fotografieren und einen Kurzurlaub zu machen. Wenn du im Westen wohnst, kannst du in nur wenigen Stunden in Holland oder in Belgien am Meer sein, oder auf eine ostfriesische Insel hopsen. Im Norden stehen dir Dänemark, Fehmarn oder Rügen zur Auswahl, im Osten kannst du dich in den riesigen Wäldern Tschechiens und Polens verlaufen und im Süden hast du die immense Auswahl an panoramareichen Bergen und Seen in Österreich, Italien und der Schweiz oder dem romantischen Elsass. In Deutschland locken beeindruckend viele Nationalparks und Naturschutzgebiete wie die Sächsische Schweiz, das Elbsandsteingebirge, die Müritz in Mecklenburg-Vorpommern oder die Lüneburger Heide; weitere kann man in Harz, Eifel, Schwarzwald, Teutoburger Wald oder in der Fränkischen Schweiz entdecken, um nur einige der wichtigsten zu nennen.

Mit den nachstehenden Beispielen möchte ich dich inspirieren, dir eine kürzere oder längere Tour selbst zusammenzustellen. Ich gebe hier bewusst keine festen Routen vor; du kannst jede Tour individuell verlängern, verkürzen, verändern oder eine andere mit dranhängen – finde deinen Weg!

Baltikum, Finnland, Schweden

Einmal um die halbe Ostsee? Geht! Eine Rundreise, die wahrscheinlich völlig anders sein wird, als du es dir zunächst vorstellen wirst, denn das Baltikum ist für die meisten noch überhaupt kein Begriff und damit außergewöhnlich. Dabei lohnt sich diese Tour ungemein, für die du allerdings ein paar Wochen Zeit einplanen solltest. Sofern du Richtung Osten beginnen möchtest, gibt es gleich zu Anfang zwei Möglichkeiten: Folge der Ostseeküste Polens, bis du die Masuren mit ihren 3000 Seen und anschließend das erste baltische Land Litauen erreichst. Alternativ könntest du mit der Fähre von Kiel aus in das litauische Klaipéda übersetzen. Die Dauer dieser Schiffsfahrt beträgt etwa 20 Stunden, die Nacht verbringst du in einer Kabine. Ich erwähne es deshalb, weil Polen sehr groß ist und die Fahrtzeit bis nach Litauen lang. Klaipéda ist eine beliebte Hafenstadt, von der aus du die romantische Kurische Nehrung befahren kannst. In Litauen lohnt es sich, den Berg der Kreuze, einen Wallfahrtsort, und die Hauptstadt Vilnius kennenzulernen. Dann erreichst du Lettland mit der Hauptstadt Riga und schließlich eines meiner liebsten Länder: Estland! Besonders der Norden mit dem Nationalpark Lahemaa und der Osten entlang des Peipussees lohnen einen Besuch. Von der Hauptstadt Tallinn aus hast du wieder zwei Möglichkeiten: Mit der Fähre nach Helsinki übersetzen oder Finnland auslassen und die Fahrt mit der Fähre nach Stockholm fortsetzen. Im ersten Fall kannst du von Helsinki nach Turku fahren und dort die größte Schärenlandschaft der Welt bewundern. Auch von Turku aus kannst du die Fähre nach Stockholm nehmen. Nach ein paar Tagen in Schwedens Hauptstadt geht dann die Fahrt gen Süden, wo ein Abstecher auf die Insel Öland lohnt. Ich bin dort gleich eine Woche geblieben, weil sie einfach nur wunderschön ist. Danach kann die Reise entlang der Küste fortgesetzt werden. Auf dem Weg möchte ich den Campingplatz Långasjönäs empfehlen, der in einem ganz besonderen Naturreservat liegt. Früh morgens bei dichtem Nebel über den dunklen See zu paddeln ist an diesem Ort ein unvergessliches Erlebnis! Im Süden Schwedens angekommen, kannst du nun entweder über die Brücke nach Dänemark fahren (Achtung: die Gebühren liegen bei circa 50 Euro), um dem hippen Kopenhagen einen Besuch abzustatten und später über dänisches Land im Norden Deutschlands einzutreffen; alternativ kannst du vom schwedischen Hafen Trelleborg mit der Fähre nach Rügen, Rostock oder Travemünde übersetzen. Camping- und Stellplätze sind meist in gutem Zustand, zudem gilt in Schweden das Jedermannsrecht. Das bedeutet, dass man mit dem Auto oder Wohnmobil bis zu 24 Stunden auf gekennzeichneten Parkflächen am Rand öffentlicher Straßen stehen darf. Erkundige dich am besten vor oder während der Reise nach den genauen Regeln und Möglichkeiten.

Beste Reisezeit: Geeignet sind hier die etwas wärmeren Monate Mai bis September. Mit Regen muss gerechnet werden, aber das gehört meiner Meinung nach auch irgendwie dazu. Lediglich die Insel Öland

gilt als beliebtes Schulferien-Reiseziel, falls du im Juli oder August unterwegs sein möchtest. Ansonsten wirst du wahrscheinlich selbst in der Hochsaison fast überall wenig mit größeren Touristenmengen zu tun haben.

Empfohlene Tourdauer: sechs bis acht Wochen

Island

Mit Feen, Elfen und Trollen bei sternenklarem Himmel zu Bett gehen und das in einer Landschaft, die so ganz anders ist als das, was du bisher kennst? Diese Reise wird mit an Sicherheit grenzender Wahrscheinlichkeit immer einen ganz besonderen Platz in deinem Herzen behalten, und das vielleicht gerade deshalb, weil du sie allein gemacht hast. Wenn du dich einmal nicht auf das soziale Miteinander konzentrierst, sondern ein Land, die Natur und jeden einzelnen Stein ganz allein mit all deinen Sinnen wahrnimmst, wirst du hier eine besondere Intensität erleben. Die Ringstraße, die sich einmal um die ganze Insel schlängelt, ist sehr übersichtlich, Verfahren ist daher kaum möglich. Um nach Island zu gelangen, gibt es zwei Möglichkeiten: Du kannst selbst mit deinem eigenen Auto oder Camper bis zur einzigen Island-Fähre nach Hirtshals im Norden Dänemarks fahren, und dann drei Tage lang eine sehr schöne Seefahrt genießen, die optional einen mehrtägigen oder mehrstündigen Aufenthalt auf den Färöer-Inseln ermöglicht. In Island angekommen kannst du von Seyðisfjörður aus die Runde um die Insel im oder gegen den Uhrzeigersinn antreten, ich würde dir die Fahrt gen Norden empfehlen. Eine Alternative wäre nach Reykjavík zu fliegen und dort ein Auto (mit Zelt) oder einen Camper zu mieten. Da es wirklich eine besondere Reise ist, lege ich dir ans Herz, dir so viel Zeit wie möglich zu nehmen und nicht zu hetzen. Es gibt viele Orte und Sehenswürdigkeiten, die wirklich außergewöhnlich sind: Da wäre zum Beispiel der Ort Mödrudalur. Das Café »Fjallakaffi« mit angeschlossener Camping-Wiese im Nirgendwo und tollem Ausblick auf den Vulkan Bárðarbunga. Oder der mächtigste Wasserfall Europas, der Dettifoss, und der Mückensee Mývatn. Der Ort Húsavík im Norden bietet eine tolle Möglichkeit, mit einem historischen Segelboot Wale zu beobachten. Zwischendurch solltest du dir ein Bad in einem der Hot Pots der Insel nicht entgehen lassen. Reykjavík hat einen gut gelegenen Campingplatz, den du für einen Besuch der trendigen Hauptstadt nutzen kannst. Im Süden locken die weltberühmte Blaue Lagune, das Heißquellen- und Geysirgebiet Haukadalur, schwarze Traumstrände in Vík, der Wasserfall Gullfoss und die beeindruckenden Gletscherlagunen Fjallsárlón und Jökülsárlón. Alles in allem wird diese Reise nicht zu preisgünstigsten gehören, dafür aber zu den wertvollsten. Ob es rentabler ist, mit dem eigenen Auto mittels Fähre zu fahren oder nach Island zu fliegen und dort einen Wagen zu mieten, müsstest du selbst einmal kalkulieren, da die Preise nach Saison schwanken können. Es lohnt sich in jedem Fall!

Beste Reisezeit: Im Zeitraum Mai bis einschließlich September kannst du mit den wärmsten Tagestemperaturen zwischen 5 Grad Celsius und 13 Grad Celsius rechnen. Von Mitte Juni bis Ende August ist Hauptsaison, wo sich mehr Reisende dort aufhalten und alles etwas teurer ist. Mai und September sind zwar etwas kühler, dafür aber günstiger und weniger touristisch. Also warme Kleidung, gutes Schuhwerk und einen kuscheligen Schlafsack mitnehmen.

Empfohlene Tourdauer: zweieinhalb bis vier Wochen

Norwegen

Dieses Land ist einer der großen Klassiker der Roadtrip-Fans und darf auch hier nicht fehlen. Mein Vorschlag: eine Rundreise durch den Süden Norwegens vor. Von der norddänischen Stadt Hirtshals kannst du mit der Fähre nach Langesund übersetzen und von hier aus Oslo anpeilen. Kleiner Hinweis: Die Hauptstadt gehört zu den teuersten Städten der Welt. Weitergehen kann es dann zum Beispiel nach Lillehammer und zum Rondane-Nationalpark, in dem es sich gut übernachten lässt. Bei Åndalsnes solltest du dich gut anschnallen, um die aufregende Fahrt über die legendäre Serpentinenstraße Trollstigen mit elf Haarnadelkurven bei 9 Prozent Steigung durchzustehen. Und schon folgt das nächste Highlight: der berühmte Geirangerfjord, den du mit einer Fähre überqueren kannst (von Geiranger nach Hellesylt). Weiter Richtung Süden gelten die nächsten Stopps den Städten Bergen und Stavanger und den einzigartigen Felsplateaus Kjerag und Preikestolen. Die südwestliche Küste ist mit ihren runden Felsformationen sehr schön anzusehen, bis du dich dann in Kristiansand von Norwegen verabschieden kannst und zurück nach Hirtshals übersetzt. Für den Fall, dass du nur wenig Zeit zur Verfügung hast, empfehle ich dir, von Hirtshals nach Kristiansand und von dort aus gen Westen bis maximal Bergen zu fahren und dort die schönsten Sehenswürdigkeiten und Wandertouren der Region anzupeilen. Norwegen ist leider kein ganz günstiges Land, in dem du aber bei den Übernachtungen gut einsparen kannst, denn auch hier gilt wie in Schweden das Jedermannsrecht. Mit dem Auto oder Wohnmobil darfst du bis zu 24 Stunden auf gekennzeichneten Parkflächen am Rand öffentlicher Straßen stehen.

Beste Reisezeit: Die wärmsten und lichtreichsten Monate sind Mai bis September mit Tagestemperaturen zwischen 8 und 20 Grad Celsius. Regencape, Gummistiefel, warme Sachen und gutes Schuhwerk machen Sinn.

Empfohlene Tourdauer: zwei bis drei Wochen

Südengland und Irland

An rauen Küsten, grünen Wiesen, moosbewachsenen Felsen und endlosen Stränden entlangfahren kannst du wahrscheinlich kaum irgendwo so schön wie auf dieser Tour. Cornwall im südwestlichen Zipfel Englands mit seinen hübschen Straßen ist definitiv sehenswert, und neben unzähligen Schafen und Kühen kannst du in Irland sogar Delfine sehen. Und so geht's: Mit der Fähre entweder von Dünkirchen (Belgien) oder Calais (Frankreich) nach Dover übersetzen, wo du gleich von gigantischen Kreidefelsen begrüßt wirst. Dann hältst du dich immer Richtung Westen, passierst Brighton und Southampton, und wenn du etwas mehr Zeit haben solltest, lohnt ein Besuch der kleinen Insel Isle of Wight. Über Cornwall setzt du den Weg fort bis nach Lands' End. Von hier geht es weiter entlang der Küste bis nach Fishguard, wo du die Fähre nach Rosslare in Irland nehmen kannst. Und jetzt folgt eine weitere sehr schöne Strecke gen Westen, wo du dich im schönen Städtchen Cork ein wenig ausruhen kannst, bevor du immer weiter die Küste entlangfährst. Empfehlenswert ist eine Fahrt um die Beara-Halbinsel. Nach dem berühmten Ring of Kerry ist der Besuch der quirligen Stadt Dingle ein Muss; danach kann es quer durchs Land Richtung Dublin gehen. Hier lohnt ein Ausflug in die Wicklow Mountains. Von der Hauptstadt kannst du die Fähre nach Liverpool nehmen und dann nach Lust und Laune Richtung Süden fahren, bis du wieder in Dover zum Übersetzen nach Frankreich oder Belgien bist. Eine sehr abwechslungsreiche Fahrt durch zwei wunderschöne Länder, in denen du wahrscheinlich auch ebenso wechselhaftes Wetter erleben wirst. Aber das gehört dazu!

Beste Reisezeit: Der Sommer ist am besten geeignet, mit Temperaturen zwischen 5 und 20 Grad C von April bis September. Regensachen, Gummistiefel und gutes Schuhwerk wirst du höchstwahrscheinlich brauchen.

Empfohlene Tourdauer: vier Wochen

Südtirol

Für mich gehört diese Tour durch die norditalienische Region insbesondere landschaftlich zu den schönsten und beeindruckendsten Roadtrips
in Europa. Je nach Ausgangsort kannst du auf der Hinfahrt am schönen
Bodensee oder in Garmisch-Partenkirchen einen Stopp machen, bevor du
österreichischen Boden unter deinen vier Rädern hast. Ich würde dann die
Einfahrt nach Italien über den Reschenpass wählen, wo du gleich auf den
bekannten, versunkenen Kirchturm im Reschensee stößt. Ab hier fährst du
eigentlich nur noch über geschwungene Landstraßen entlang riesiger Ap-
fel- und Obstwiesen, immer die Berge am Horizont. Für Meran solltest du
dir ein bis zwei Tage Zeit nehmen. Die Gärten von Schloss Trauttmansdorff
sind außerdem einen Besuch wert, ebenso die Stadt Bozen. Und jetzt folgen
drei besondere Natur-Highlights, die du allesamt nicht verpassen solltest:
der türkisgrüne Pragser Wildsee, der Toblacher See und der Nationalpark
Drei Zinnen. Auf 2300 m Höhe kannst du auf dem Parkplatz bei der Auron-
zo Hütte die Nacht verbringen, in die Sterne schauen den Sonnenaufgang
mitten in den Dolomiten erleben – unvergesslich! Weitere tolle Ausflugsziele sind der Kalterer See und natürlich die Seiser Alm. Kleiner Tipp: Fast alle
Campingplätze haben Pools, Saunen oder andere Wellness-Optionen inklusive, also neben Wanderschuhen auf jeden Fall Badesachen mitnehmen!

Beste Reisezeit: Leider bin nicht nur ich auf die Idee gekommen, dass
Südtirol ein tolles Reiseziel ist, weshalb es im Sommer recht überfüllt ist.
Daher empfiehlt sich die Vor- und Nachsommerzeit, also Mai bis Juni
und September bis Oktober. Zuletzt habe ich Ende Oktober ein Winter-
camping ausprobiert, was mit den herbstlichen Farben der Bäume und
dampfenden Seen bei ganz wenig Tourismus eine tolle Erfahrung war.

Empfohlene Tourdauer: zwei bis drei Wochen

Slowenien

Das schöne Land südlich von Österreich und nördlich von Kroatien war bis vor ein paar Jahren noch ein recht unbekanntes Reiseziel, erfreut sich aber einer immer größeren Beliebtheit. Slowenien hat eine wundervolle Natur, tolle Nationalparks, traumhafte Seen, Schluchten mit türkisgrünen Flüssen und sogar einen wenn auch recht kleinen Strandabschnitt zu bieten. Es gilt als sehr sicheres Reiseland. Und dann hat man auch noch die Alpen im Hintergrund – was will man mehr? Auf dem Hinweg kann ich dir die Fahrt durch Südtirol vorbei am Pragser Wildsee und Toblacher See empfehlen oder über Graz beziehungsweise den Wörthersee in Österreich. Vielleicht hast du auch die Möglichkeit, auf dieser Tour dein Fahrrad mitzunehmen – ich habe mir dafür ein günstiges Klapprad aus den 60er-Jahren gekauft, das im Auto relativ wenig Platz wegnimmt. Zu den besten Sehenswürdigkeiten gehören der Bleder See, der Triglav-Nationalpark, die Höhlen von Postojna und Škocjan, die Vintgarklamm und natürlich die Hauptstadt Ljubljana – das Museum of Illusions und das Museum of Modern Art lohnen einen Besuch und spiegeln die moderne Seite des Landes wider. Wenn du ein paar mehr Euro ausgeben möchtest, findest du auch eine Menge stylisher Glamping- oder Baumhaus-Übernachtungsmöglichkeiten. Auf dem Rückweg könntest du über den Vršičpass zurückfahren, von dem viele schwärmen. Solltest du noch mehr Zeit und Entdeckerlaune haben, könntest du etwas weiter Richtung Süden zu den Plitvicer Seen in Kroatien fahren. In diesem besonderen Nationalpark sind 16 glasklare, türkise Seen durch Wasserfälle miteinander verbunden, und das alles kannst du auf romantischen Holzstegen in einer mehrstündigen Wanderung genießen. Diese Naturschönheit ist allerdings ein extrem beliebtes Touristenziel, weshalb ich dir je nach Saison einen frühestmöglichen Start am Morgen empfehle, um möglichst ohne Drängen und Hektik über die Stege gehen oder fotografieren zu können.

Beste Reisezeit: Von Mai bis September kannst du mit Temperaturen zwischen 6 und 28 Grad Celsius rechnen, ähnlich wie in Deutschland.

Empfohlene Tourdauer: ein bis zwei Wochen

Die Zusammenstellung von kürzeren Trips ist im Grunde denkbar einfach. Du suchst dir ein Ziel aus, zum Beispiel Österreich. Je nach zur Verfügung stehender Zeit suchst du dir ein paar möglichst nahe beieinanderliegende Orte aus, und schon ist deine Route gesteckt. Am Ende kannst du immer noch kurzfristig umentscheiden, aber das ist schon mal der erste Planungsschritt. Solltest du nach Empfehlungen für bestimmte Wanderungen oder Radrouten suchen, besuche die Facebook-Gruppe »Club der Abenteurerinnen/Outdoor-Frauen unter sich« oder »Brave Girls – Frauen allein unterwegs«. Dort können dir Tausende Gleichgesinnte weiterhelfen.

PILGERN UND WANDERN

Die Welt zu Fuß zu erkunden ist erfreulicherweise wieder in Mode gekommen, und das nicht nur auf dem legendären Jakobsweg, sondern überall auf der Welt. Schon Goethe soll gesagt haben »Nur wo du zu Fuß warst, bist du auch wirklich gewesen.« Worin liegt aber nun das Besondere? Nun, es ist wahrscheinlich eine der wenigen Reisevarianten, die den Menschen wieder ganz zurück zu sich selbst und gleichzeitig in Einklang mit der Natur bringen. Zudem kann Wandern unglaublich entschleunigen, denn hier zählen nur die eigenen Schritte und das Wahrnehmen der Umgebung. Kein schnelles Auto, kein ständiges Checken der sozialen Kanäle, kein Shoppen oder Ähnliches. Man besinnt sich auf das Wesentliche, hinterfragt vielleicht auch mal seinen aktuellen Lebenswandel im Alltag und schmiedet möglicherweise neue Pläne für die Zukunft. Nur, wie geht man an das Thema Wandern, Trekking und Pilgern heran?

Die Vorbereitung

Der wichtigste Punkt in der Planung und später beim Packen dürfte darin liegen, wie du zu übernachten gedenkst: Unterkünfte oder Zelt – beides hat natürlich wie immer Vor- und Nachteile. Wenn du mit Zelt und Schlafsack losziehst, bist du wesentlich freier in der Etappengestaltung und musst natürlich auch kein Geld für eine Unterkunft ausgeben. Andererseits wirst du bei dieser Variante die ganze Zeit über mehr Gepäck auf deinen Schultern tragen und dich vielleicht an der einen oder anderen Stelle allein im Zelt in freier Wildbahn nicht so sicher fühlen. Bei den Unterkünften dagegen kommt es je nach Beliebtheit eines Weges zu überfüllten Zimmern, was Stress verursachen kann. Andererseits hast du hier eine Dusche zum Frischmachen. Solltest du Wanderlust-Neuling sein, lohnt es sich daher vielleicht für den Anfang, mit einem Zwei- bis Drei-Tages-Ausflug zu beginnen und zunächst in Herbergen zu übernachten. Wenn du dich sozusagen eingegroovt hast, kannst du dich an größere Outdoor-Abenteuer herantasten. Die Unterkünfte können übrigens unterschiedlichster Art sein, die oftmals für eine Überraschung sorgen: spartanische Pilger-Herbergen, Klöster, Pfarrhäuser, Wohnmobile auf Campingplätzen oder auch mal bei Privatleuten zu Hause. Bezüglich deiner Planung der täglichen Kilometer hängt die Berechnung ein wenig von dem Schwierigkeitsgrad und deiner Fitness ab. Als angenehm nennen die meisten Frauen 15 Kilometer am Tag.

Ausrüstung für das Wandern mit Zelt

Wenn du länger auf eigene Faust mit Gepäck unterwegs sein möchtest, wirst du auf eins besonders achten müssen: ein möglichst geringes Gewicht. Manche machen sich daher im Vorfeld eine Excel-Liste und wiegen ihre Sachen im Einzelnen ab. Leider ist meist die leichteste Ausrüstung (wie Bekleidung oder Rucksack) sehr teuer, weshalb ich zu einer guten Abwägung beim Kauf rate. Für mich gilt immer: Je teurer ein Produkt, umso langlebiger und zeitloser sollte es sein. Neben Kleidung und Kosmetikartikeln sollte die folgende Ausrüstung nicht auf der Packliste und später auf deinen Schultern fehlen:

- ☐ Trekking-Rucksack, Regenschutz
- ☐ Packhilfen für deine Kleidung
- ☐ Einpersonenzelt, Stangen, Heringe und Abspannleinen
- ☐ Schlafsack (Kunstfaser), evtl. Wärme-Inlet und Isomatte
- ☐ Stirnlampe
- ☐ Trinkflasche
- ☐ Trekkingstöcke
- ☐ Reparatur-Zeug
- ☐ GPS-Notfall-Tracker
- ☐ Campinggas und Kocher
- ☐ Topf, Tasse
- ☐ Besteck, Taschenmesser

Ausführliche Tipps liefern auch Outdoor-Blogs, zum Beispiel der von *Fräulein Draußen*. Kathrin hat riesige Trekking-Erfahrungen und bietet eine Menge Hilfestellung und Inspiration. Dort erfährst du auch, worauf du beim Zelten in freier Wildbahn achten solltest. Sie wandert zum Beispiel mit einem 60-plus-15-Liter-Rucksack und einem Gewicht von etwa 12 Kilo zuzüglich Essen und Getränke, insgesamt also 15 Kilo Gepäck. Das durchschnittliche Tragegewicht von Pilgern ohne Zelt-Ausstattung liegt meist zwischen 6 und 8 Kilo.

Wanderwege in Europa

Während viele erst mal nur an den Jakobsweg denken, gibt es in Wirklichkeit Tausende Wander- und Pilgerrouten auf der ganzen Welt – davon 30 Jakobswege nur in Deutschland. Daher könnte man allein mit Wanderwegen schon ein ganzes Buch füllen, weshalb ich mich hier auf ein paar Vorschläge beschränke. Die Outdoor-Magazine *Bergwelten* und *Walden* sind eine gute Quelle für frische Inspiration innerhalb Europas wilder und schöner Natur.

Die Teufelsschlucht in der Südeifel

In der Südeifel, in den Luxemburger Ardennen und in der Müllerthaler Region (auch Kleine Luxemburgische Schweiz genannt) gibt es ganze 23 Rundwanderwege. Sie führen durch vier riesige und eindrucksvolle Naturparks; ein sehr schöner Einstieg könnte hier zum Beispiel eine zweitägige Tour zur sagenumwobenen Teufelsschlucht im Naturpark Südeifel sein. Hier wandert man stundenlang durch bizarre Gesteinsformationen, unter anderem durch eine 28 Meter tiefe Felsschlucht. Die Tagesroute kann mit circa 17 Kilometern Länge ein erster Start in die Wanderwelt mit spannenden Einblicken in eine faszinierende Natur sein. Geht auch bei Regen und Nebel, denn dadurch wird die Schlucht noch spektakulärer. Übernachten kannst du in einer nahe gelegenen Pension oder auf einem Campingplatz in der Nähe. Weitere Informationen findest du unter *teufelsschlucht.de* und *naturwanderpark.eu*.

Auf dem Malerweg durch die Sächsische Schweiz

Der Nationalpark der Sächsischen Schweiz und das berühmte Elbsand-steingebirge bei Dresden gehören zu den schönsten Landschaften Deutschlands. Der 112 Kilometer lange Malerweg verläuft auf einer ereignisreichen Runde zwischen riesigen Felstürmen und Tafelbergen und durch breite Schluchten. Die achttägige Strecke mit täglich zwischen 11 und 17 Kilometern beginnt und endet in Pirna. Auf der Seite des Tourismusverbands Sächsische Schweiz (*saechsische-schweiz.de*) erhältst du Auskünfte zu Übernachtungsmöglichkeiten auf dem Wanderweg. Diese Wanderung kannst du das ganze Jahr über unternehmen, wobei du wahrscheinlich die schönsten Fotos in der Herbstsaison machen wirst, wenn sich die Blätter bunt färben.

Jakobswege in Spanien und Portugal

Für mittelschwere bis schwierige Wanderungen bieten sich der Camino del Norte, der Camino Primitivo und die Via de la Plata in Spanien an. Die zwei bekanntesten Jakobswege aber sind der Caminho Portugues und der Camino Francés in Spanien, welcher als »der« Jakobsweg gilt, den auch Hape Kerkeling (*Ich bin dann mal weg*) und Paulo Coelho (*Auf dem Jakobsweg*) in ihren Büchern beschrieben haben. Hier findest du eine große Vielfalt an Unterkünften, allerdings ebenso das größte Aufkommen an Pilgern. Als beste Zeit für diese etwa fünf Wochen dauernde Wanderung – touristisch wie wetterbedingt – gilt der Frühling und der Herbst. Der Caminho Portugues führt durch Portugal und Spanien und ist weniger überlaufen, relativ flach, verfügt über eine gute Infrastruktur mit einer ausreichenden Anzahl an Unterkünften und kann in etwa zwei Wochen bewandert werden. Als beste Monate gelten April bis Mitte September. Umfangreiche Informationen, Karten und Tipps erhältst du auf den Web-

seiten *jakobsweg.de* und *jakobsweg-kuestenweg.com*. und in diversen Facebook-Gruppen.

Vielfältige Trails in England und Schottland

In England kannst du dich gleich zwischen 15 National Trails entscheiden, Schottland wartet mit 29 Routen in unterschiedlichen Längen auf. Auch ein- bis mehrtägige Touren sind dabei, die du gut in einen Roadtrip sozusagen als Intermezzo mit einbinden kannst. Zwischen historischen Gemäuern, Pubs und Galloway-Herden kannst du kurze und lange Wanderungen in der grünen und so wundervoll rauen Natur unternehmen. Unterkünfte sollten in der Hauptsaison im Vorfeld gebucht werden. Ein beliebter und als wunderschön geltender Wanderweg ist der West Highland Way in Schottland. Die 154 Kilometer lange Strecke ist gut für Einsteiger geeignet und lässt sich in circa acht Tagen bewältigen. Start ist in Glasgow und Ende in Fort William. Eine weitere tolle Route ist der Great Glen Way. Hier gilt es 117 Kilometer von Küste zu Küste über die Highlands zu bewandern. Alle notwendigen Informationen und Trails-Karten gibt

es auf der Seite *national-trail.co.uk* für England und *scotlandsgreattrails.com* für Schottland.

Pilgerreise durch Schweden und Norwegen

Wie wäre es zum Beispiel mit einem der wichtigsten Pilgerziele Norwegens? Aus allen Himmelsrichtungen führen die Olavswege zur Grabkirche des Heiligen Olav, dem Nidarosdom in Trondheim. Und dieser spezielle hier ist einer der außergewöhnlichsten, weil er von Küste zu Küste durch die traumhafte Landschaft Schwedens und Norwegens führt: Gestartet wird im schwedischen Selånger (etwas außerhalb von Sundsvall) und endet in Trondheim. Der 564 Kilometer lange Pfad führt durch Wälder und Täler und wird sicher um die 30 Tage dauern. Sollte dir das zu anspruchsvoll sein, kannst du dir natürlich anhand der Karte eine schöne Teilstrecke aussuchen und genießen. Die Vorbestellung von Unterkünften wird teilweise empfohlen. Dort oben ist es natürlich recht frisch, weshalb sich die Sommermonate am ehesten eignen. Weitere Details findest du auf der Seite *pilegrimsleden.no*.

Und das ist noch lange nicht alles! Weitere atemberaubende Routen sind etwa der Traumpfad von München nach Venedig oder ganz außergewöhnlich: der Pilgerweg mit 88 heiligen Orten auf der japanischen Insel Shikoku. Inspiration und gleichzeitig einen Einstieg in die Outdoor-Welt findest du in den Büchern *Der große Trip: Tausend Meilen durch die Wildnis zu mir selbst* von Cheryl Strayed; *Laufen. Essen. Schlafen.: Eine Frau, drei Trails und 12 700 Kilometer Wildnis* von Christine Thürmer oder *Mein längster Lauf. 5 Jahre, 29 Heiratsanträge, 53 Paar Schuhe – Einmal um die Welt* von Rosie Swale Pope.

CAMPS, SCHULEN UND RETREATS

Wenn dir irgendwie so gar nichts einfallen möchte, wo die Reise im wahrsten Sinne des Wortes hingehen könnte, dann ist vielleicht eine Art »Projekt« für dich genau das Richtige. Damit bist du vollends eingebunden, wirst ein wenig geführt und das Risiko von Einsamkeitsgefühlen reduziert sich dabei auf ein absolutes Minimum. Im Grunde ist diese Form unterwegs zu sein eigentlich keine echte Alleinreise, aber immerhin kannst du so auf den Geschmack kommen, denn du musst selbst buchen und planen, auf eigene Faust zum Reiseort kommen und bist wahrscheinlich auch die eine oder andere Stunde allein auf deinem Hotelzimmer. Alternativ kannst du manches auch als Baustein in deine Alleinreise integrieren und hast dadurch eine gute Mischung aus Solotrip, Neuland und dem Kennenlernen von Gleichgesinnten an einem fremden Ort. Why not?

Sprache

Vielleicht war Spanisch nicht Bestandteil deiner Schulausbildung oder du möchtest jetzt unbedingt deinem Englisch mal auf die Sprünge helfen, um überall auf der Welt mitreden zu können? In diesem Fall solltest du dein Solo-Adventure im Land deiner Wahl durch einen Sprachkurs bereichern. Hierfür kannst du entweder auf das Angebot eines renommierten Sprachreise-Anbieters zurückgreifen oder dir eine Sprachschule beziehungsweise einen Privatlehrer vor Ort suchen. Die drei anerkanntesten Veranstalter in Deutschland sind *ESL*, *LAL* und *GLS*. Sie alle bieten vielfältige Buchungsmöglichkeiten oder Bausteine an. Ein weiterer Vorteil ist, dass du optional in einer Gastfamilie wohnen kannst, wodurch du nicht nur mit einer neuen Kultur in Kontakt kommst, sondern auch viel besser in die neue Sprache eintauchen kannst. Die Anreise buchst du meist selbst und brauchst dich dann nur noch vor Ort einfinden. Meist werden auch Freizeitaktivitäten zum Selbstkostenpreis angeboten oder sind im Preis inklusive. Solltest du dich für eine solche Sprachreise entscheiden, lass dich ausgiebig telefonisch von den verschiedenen Anbietern beraten und entscheide dann, was sich für dich am besten anfühlt und natürlich auch preislich deinen Vorstellungen entspricht.

Surfen und Kiten

Ich persönlich kenne nur Leute, die nach einem Surfkurs unglaublich begeistert waren. Förmlich infiziert! Daher wäre es vielleicht eine Überlegung wert, dich auf eine neue Sportart einzulassen. Du bist unter netten Menschen, kannst jeden Tag das Salz auf deiner Haut spüren und jeden Abend todmüde und glücklich ins Bett fallen. Surf- und Kitecamps gibt es weltweit – lass dich im Internet einfach durch die Angebote treiben. In

Deutschland kannst du dich an Nord- und Ostsee-Regionen wie Rügen, Sylt, St. Peter Ording oder Norderney orientieren. Europaweit gelten als beliebte Ziele die Algarve oder Cascais in Portugal, kanarische Inseln wie Fuerteventura oder Teneriffa sowie verschiedene spanische und französische Küsten. Auch bei Fernreisen hast du die Qual der Wahl: Südafrika, Hawaii, Panama, Costa Rica, Kalifornien, Australien, um nur einige zu nennen. Inspiration und Hilfestellung findest du in der Facebook-Gruppe »Brave Girls«.

Yoga, Wellness und Meditation

Du wolltest immer schon mal Yoga praktizieren und das an einem traumhaft schönen Ort? Die Welt der Meditation kennenlernen? Oder dich einfach nur mal richtig verwöhnen lassen, weil du dich selbst vernachlässigt hast? Solch eine Reise macht insbesondere dann Sinn, wenn du gestresst, abgespannt oder traurig sein solltest und dir einen ruhigen und sanften Rahmen wünschst. Vielleicht brauchst du auch eine Veränderung in deinem Leben oder möchtest wieder ein bisschen zu dir selbst kommen. Dafür bieten sich verschiedene Entspannungstechniken und -programme an:

- Ayurveda
- Coaching
- Fasten, Detox
- Meditation

- QigGong, Tai-Chi, TCM
- Wellness
- Yoga

Mittlerweile gibt es auf der ganzen Welt tolle Retreats und Agenturen, die sehr angenehme Kombinationen anbieten, bei denen du Entspannung mit Kultur oder Strand verbinden kannst. Angebote findest du in vielen Ländern, zu den bekanntesten gehören:

- Deutschland
- Finnland
- Griechenland
- Indien
- Indonesien
- Italien
- Marokko
- Nepal
- Österreich

- Philippinen
- Portugal
- Spanien
- Sri Lanka
- Südafrika
- Tansania
- Thailand
- Türkei
- Zypern

Ob Yoga und Wüstenwandern in Marokko, Qigong auf der griechischen Insel Iliohoos, Detox-Kur in den Alpen, Schweige-Retreat im Chiemgau, traditionelle Ayurveda-Kur in Sri Lanka, Yoga und Meditation im grünen Südindien oder Trekking und Yoga im nepalesischen Mustang ... Auf diese Weise kannst du eine schöne Reise mit Erholung, Entspannung und Persönlichkeitsentwicklung verbinden – meiner Meinung nach eine tolle Art zu reisen. Wie du deine Reise findest? Für Yoga gibt es zum Beispiel Portale wie *bookretreats.com* oder *bookyogaretreats.com* mit über 3000 Anbietern weltweit. Eine Alternative ist die Facebook-Gruppe »Yoga Retreats«, in der du spezielle Fragen stellen kannst.

Ski, Snowboard und Huskytour

Wenn dir in der kalten Jahreszeit nach einer Reise in den Schnee zumute sein sollte, bietet sich ein Aktivurlaub an. Da Ski- und Snowboardfahren in der Regel einen eher geselligen Charakter hat, empfehlen sich entsprechende Camps in den Bergen, wo du entweder eine Disziplin neu lernen oder aber deine Fähigkeiten auffrischen beziehungsweise erweitern kannst. Erkundige dich bei der Planung nach dem Durchschnittsalter der Teilnehmer. Auch in den *Robinson Clubs* kannst du Gleichgesinnte finden. Wenn es nicht ganz so sportlich sein soll und du Hunde liebst, wäre eine Huskytour möglicherweise eine abwechslungsreiche Erfahrung. Hierfür bieten sich besonders Finnland oder Lappland und auch Russland an. In Skandinavien kann man mit etwas Glück sogar noch die Polarlichter sehen – eine außergewöhnliche und unvergessliche Erfahrung. Bei den meisten Camps kümmerst du dich um An- und Abreise selbst und buchst den Aufenthalt dann bei der Agentur oder dem Veranstalter.

KOMBI: ARBEITEN AUF REISEN

Nicht immer reicht das eigene Budget aus, um sich Reiseträume zu erfüllen. Oder man möchte vielleicht nicht nur das pure Vergnügen auf Reisen spüren, sondern etwas bewegen und Gutes tun. Auch hier gibt es vielfältige Möglichkeiten, wie du das Angenehme mit dem Nützlichen verbinden kannst. Tauche in eine neue Kultur ein, indem du Menschen oder Tieren weiterhilfst.

Soziale Projekte

Freiwilligenarbeit ist etwas ganz Wunderbares! Du kannst deine Hilfe anbieten und gleichzeitig das Land ganz anders und intensiv kennenlernen. Die Vielfalt an Tätigkeiten und Reisezielen ist groß, wenngleich es bei einigen Aspekten des Voluntourismus (der Begriff setzt sich aus dem englischen *Volunteering* und Tourismus zusammen) inhaltlich wie finanziell einiges zu beachten gibt. In folgenden Bereichen könntest du zum Beispiel einen Beitrag leisten:

- **Sozialarbeit**: Kinder und Jugendliche in Entwicklungsländern betreuen, Aufklärungsarbeit über HIV leisten, traumatisierten Mädchen zu neuer Freude und Selbstsicherheit verhelfen, an Selbsthilfegruppen für Prostituierte mitwirken, im Alten- oder Behindertenheim helfen, blinde Menschen betreuen, an Projekten zur Unterstützung von Straßenkindern teilnehmen, sich für Frauenrechte einsetzen.
- **Umweltschutz**: Die Bevölkerung für Recycling sensibilisieren, eine Ausbildung zum Klimaaktivist angehen, in einer biologischen Forschungsstation mitarbeiten, an Strand-Cleaning-Aktionen teilnehmen.
- **Tierschutz**: Ranger in Naturparks unterstützen, in einer Auffangstation im Regenwald verletzte oder kranke Tiere pflegen, bei der Datenerfassung geschützter Tierarten helfen, an Meeresschildkröten-, Hai- oder Delfin-Schutzprogrammen mitwirken, in Tierheimen Hilfe leisten.
- **Medizin**: Im Krankenhaus mitwirken, Hebammen bei ihrer Arbeit unterstützen, behinderten Menschen bei einer Reit-Therapie helfen, ein Psychologie-Praktikum absolvieren, Pflegedienst im Kindergarten leisten.
- **Organic Farming**: An Ökotourismus-Projekten und Aufklärungsprogrammen mitwirken, auf einer Farm helfen, Bäume pflanzen, bei der Kultivierung und Ernte der Felder einen Beitrag leisten.
- Das Tolle daran: Bei vielen dieser Projekte wird eine Sprachschule und Rundreise gleich mit angeboten. Der Nachteil: Diese Reise kostet et-

was, auch wenn man natürlich einen vielleicht nicht unerheblichen Einsatz leistet. Für mehrmonatige Volunteer-Einsätze gibt es gesetzlich geregelte, geförderte Freiwilligenprogramme. Öffentlich geförderte Dienste sind günstiger als private, manchmal sogar kostenlos. Dennoch kann es in diesem Fall sein, dass du Kosten für Anreise oder das Visum selbst tragen musst. Bei deiner Wahl solltest du einige Punkte unbedingt beachten.

- **Organisation:** Erkundige dich nach dem Ruf des Anbieters und schaue dir Bewertungen an. Weiterhin wird empfohlen, auf Qualitätszertifikate zu achten, etwa von Quifd (Agentur für Qualität in Freiwilligendiensten) oder sich an den DAA (Deutscher Akademischen Austauschdienst) zu wenden. Es sollte auf jeden Fall eine Vorbereitung und mehrtägige Einführung vor Ort erfolgen. Auf Seiten wie weltwaerts.de, kulturweit. de und engagement-global.de kannst du dich über Projekte und mögliche Länder informieren oder auch telefonisch beraten lassen; auf fairunterwegs.org findest du Studien, Tipps und Hilfestellungen zum Thema Voluntourismus.

- **Arbeit mit Kindern:** Einen nur kurzen Einsatz in Kinderheimen und Waisenhäusern sehen Experten als äußerst kritisch an. Gerade wenn kleine Kinder eine Bezugsperson lieb gewonnen haben, die nach wenigen Wochen wieder geht, kann das sehr belastend sein und auf Dauer Bindungsstörungen erzeugen. Daher wird von Aufenthaltszeiten in Schulen, Kindergärten, Kinderheimen, Waisenhäusern von unter einem halben Jahr abgeraten.

- **Wildtiere:** Sei kritisch! Besonders bei Projekten mit wilden Tieren sollte möglichst wenig Kontakt mit Menschen bestehen. Projekte, in denen Wildkatzen gezüchtet werden, regelmäßiger Kontakt mit den Freiwilligen ermöglicht wird (zum Beispiel zum Streicheln) und Tiere in zu kleinen Käfigen gehalten werden, solltest du laut Experten ablehnen.

House- oder Petsitter

Eine etwas andere Art Urlaub zu machen: Du lebst in einer privaten Wohnung oder in einem Haus, während der Besitzer selbst auf Reisen ist. Hintergrund ist der, dass in der Abwesenheit des Eigentümers jemand auf die Wohnung und/oder die dort lebenden Haustiere wie Hund oder Katze aufpasst. Der Deal ergibt sich von selbst: Du kümmerst dich um Reinigung, Blumengießen, Briefkastenleeren und eventuell Tierversorgung. Im Gegenzug kannst du dort eben für ein paar Tage oder sogar ein paar Wochen deinen Urlaub verbringen. Das bekannteste Portal ist hier *trustedhousesitters.com* mit Angeboten in weit über 100 Ländern. Obwohl Haussitting grundsätzlich kostenlos ist, fallen dennoch einige Ausgaben an: meistens für Strom, Wasser oder Gas; für Verpflegung musst du natürlich selbst sorgen. Zudem ist eine Mitgliedsgebühr fällig, die sich allerdings bei einer kostenfreien Mietzeit schnell amortisiert haben dürfte. Eine andere Möglichkeit wäre die nachstehende Variante.

Urlaub gegen Hand und Wwoofing

Das Prinzip ist einfach und sinnvoll: Tausche Mithilfe gegen Verpflegung und Unterkunft. Wenn man vielleicht gerade nicht so viel Geld für große Reisen zur Verfügung stehen hat oder gern mal in einer völlig anderen Umgebung das Leben auf einem Hof miterleben möchte, wäre das vielleicht die ideale Alternative und gleichzeitig ein ordentlicher Tapetenwechsel. Dass körperliches Arbeiten sehr befriedigend sein und den Kopf von lästigen Gedanken befreien kann, wissen die meisten. Und jetzt ist es vielleicht mal an der Zeit, genau das auszuprobieren. Die Aufgaben können ganz unterschiedlicher Art sein: Olivenernte in Griechenland oder in der Toskana, Weinlese in Frankreich oder Einsatz auf einem Bauernhof irgendwo in den Alpen. Eine der beliebtesten und größten privaten Plattformen ist die Facebook-Gruppe »Urlaub gegen Hand«. Die andere Variante ist *WWOOF* (World-Wide Opportunities on Organic Farms), ein weltweites Netzwerk aus ökologischen Höfen und freiwilligen Helfern, die ein naturverbundenes Leben auf dem Land führen. Die Links zu den einzelnen Ländern findest du auf der Seite *wwoofinternational.org*. Auf der Seite *wwoof.de* kannst du dir das deutsche Angebot mit den ausführlichen Beschreibungen zu den anfallenden Tätigkeiten anzeigen lassen. Die Arbeitszeit ist unterschiedlich, beträgt aber meist vier bis sechs Stunden pro Tag. Wenn dir ein oder mehrere Projekte gefallen und du gern einen Aufenthalt buchen möchtest, musst du gegen einen geringen Beitrag Mitglied werden. Die Kosten für deine Anreise sind von dir selbst zu tragen.

Mein Tipp: Erkundige dich im Vorfeld ausgiebig über die Arbeitsbedingungen und alles, was du bei deinem Aufenthalt zu erwarten hast (Schlafgelegenheit, Verpflegung, Lage und so weiter). Vielleicht lohnt sich ein Telefonat mit dem Anbieter, damit du dir auch gleich einen Eindruck verschaffen kannst, ob die Chemie einigermaßen stimmt.

Work und Travel

Du möchtest irgendwo in der Ferne für einen längeren Zeitraum leben, reisen und arbeiten? Dann hast du bestimmt schon von Work and Travel gehört. Mithilfe von gelegentlichen Jobs kannst du dir einen längeren Auslandsaufenthalt ermöglichen, ohne ein dickes Portemonnaie haben zu müssen. Zu den beliebten Ländern gehören hier Australien, Neuseeland und Kanada, aber auch für Spanien, England und Frankreich, Japan, Südkorea und Taiwan, Chile und Argentinien sowie Südafrika gibt es Angebote. Die angebotenen Programme sind je nach Agentur sehr unterschiedlich: Working Holiday, Hotel- oder Farmarbeit oder Teach and Travel. Zu den klassischen Beschäftigungen zählen zum Beispiel Jobs in der Hotellerie als Rezeptionistin, in der Gastronomie als Kellnerin oder Küchenhelferin oder auch als Erntehelferin auf einem Hof. Vorweisen musst du deinen Reisepass und eine Auslandskrankenversicherung. In der Regel ist ein durchschnittliches Schulenglisch ausreichend. Sofern du dich für ein sogenanntes Überseeland entscheidest, musst du ein Working-Holiday-Visum beantragen. Hierfür ist ein finanzieller Nachweis (zum Beispiel ein beglaubigter Kontoauszug) erforderlich und du solltest zwischen 18 und 30 Jahre (in Kanada 35 Jahre) alt sein. Man kann ein Work-and-Travel-Vorhaben entweder komplett allein planen oder eine Agentur zurate ziehen, über die man die Reise bucht und somit eine entsprechende Betreuung hat. Dieser Service kostet natürlich auch etwas, das gilt es gegen den eigenen Aufwand abzuwägen. Weitere Informationen erhältst du auch in entsprechenden Facebook-Gruppen.

ANHANG – NÜTZLICHE TIPPS

BESTE REISEZEIT RUND UM DEN GLOBUS

»Wann fliege ich am besten an das von mir gewünschte Reiseziel?« und »Wohin kann ich am besten in einem bestimmten Zeitraum reisen?«, gehören zu den häufigsten Fragen bei der Reiseplanung. Zur Inspiration habe ich daher eine Auswahl der gängigsten und sicheren Reiseziele mit der jeweils besten Reisezeit aufgelistet. Die optimale Reisezeit beinhaltet allerdings oftmals ein hohes Touristenaufkommen und manchmal auch höhere Preise. Daher ist mein Tipp, bei dem Land deiner Wahl die Nebensaison in Betracht zu ziehen. Oftmals erlebst du das Land jetzt authentischer, musst weniger im Voraus buchen und kannst an der einen oder anderen Stelle sogar Geld durch bessere Angebote sparen.

Afrika

Ägypten

Ideal: September und Oktober
Nicht ideal: Juli bis Februar (sehr heiß, kalte Winter)

Kenia und Tansania

Ideal: Dezember bis März, Juli bis Oktober
Tierbeobachtungen: Juli bis Oktober
Nicht ideal: März bis Mai (große Regenzeit) und November bis Dezember (kleine Regenzeit)

Madagaskar, Mauritius und Seychellen
Ideal: April bis Oktober
Nicht ideal: November bis März
(Regenzeit, Wirbelstürme)

Namibia und Botswana
Ideal: Mai bis September
Nicht ideal: November bis April
(sehr heiß, Regen)

Nordafrika (Küstengebiete)
Ideal: April bis Oktober
Nicht ideal: November bis März
(kalt, Regen, Wind)

Südafrika
Ideal: Oktober bis April
Tierbeobachtungen: Mai bis September
Krüger Nationalpark: ganzjährig
Nicht ideal: Juli und August (kalt, Regen)

Westafrika
Ideal: November bis April
Nicht ideal: März bis Oktober (Regenzeit)

Amerika
Mittelamerika/Karibik
Belize, Costa Rica
Ideal: Dezember bis April
Nicht ideal: Mai bis Oktober (Regenzeit)

Karibik
Ideal: Dezember bis Mai
Nicht ideal: August bis Oktober
(Hurrikan-Saison)

Kuba
Ideal: November bis Mai
Nicht ideal: August bis Oktober
(Regenzeit, Hurrikan-Saison)

Mexiko und Guatemala
Ideal: Oktober bis April
Nicht ideal: Mai bis September
(sehr heiß und schwül)

Nordamerika

Alaska

Ideal: Juni bis September

Nicht ideal: Oktober bis Mai
(Hauptsaison, Nieselregen)

Kanada (Osten)

Ideal: Juni bis September

Nicht ideal: November bis März
(kalte Winter)

USA (Osten)

Ideal: April, Mai, September, Oktober (NY und Chicago), Juni bis September (Neuengland), November bis Mitte April (Florida und Südstaaten)

Nicht ideal: Juni bis August, November bis März (NY und Chicago), November bis April (Neuengland), Mai bis Oktober (Florida und Südstaaten: Hitze und Hurrikan-Saison)

USA (Westen)

Ideal: April und Mai, Mitte September bis Mitte Oktober

Nicht ideal: Juni bis Mitte September (sehr heiß), Mitte Oktober bis März (im Norden kalt, Regen und Stürme)

Hawaii

Ideal: März bis November; zum Surfen: Dezember bis April

Nicht ideal: Dezember bis Februar (Hauptsaison, Nieselregen)

Südamerika

Argentinien

Ideal: Oktober bis April

Nicht ideal: Mai bis September
(kühl, Regen)

Brasilien (Rio de Janeiro und der Süden)

Ideal: September bis April

Nicht ideal: Mai bis August (kühl)

Brasilien (Nordosten)

Ideal: September bis Februar

Nicht ideal: April bis August (Regenzeit)

Brasilien (Amazonas)

Ideal: Juli bis Oktober

Nicht ideal: November bis Juni (Regenzeit)

Chile

Ideal: Oktober bis April

Nicht ideal: Mai bis September (kühl, Regen)

Asien

Südostasien

Indonesien

Ideal: April bis Oktober

Nicht ideal: November bis März (Monsun)

Java und Bali: Januar und Februar (Regen)

Kambodscha

Ideal: November bis April

Nicht ideal: Mai bis Oktober (Regenzeit)

Laos

Ideal: Oktober bis April

Nicht ideal: Mai bis September (Regenzeit)

Patagonien/Feuerland

Ideal: Dezember bis Februar

Nicht ideal: April bis Oktober (kalt, Regen, Schnee)

Peru, Bolivien, Ecuador

Ideal: Mai bis Oktober

Nicht ideal: November bis April (überwiegend Regenzeit)

Malaysia (Ostküste und Zentrum)

Ideal: März bis August

Nicht ideal: Oktober bis Februar (Regenzeit, sehr heiß und schwül)

Malaysia (Westküste)

Ideal: ganzjährig

Nicht ideal:

Pengang: Mai bis September (Regenzeit)

Südliche Westküste: April, Oktober (Regenzeit)

Myanmar

Ideal: Oktober bis März

Nicht ideal: April bis September (sehr heiß, ab Juni Monsun)

Philippinen
Ideal: Dezember bis Mai
Nicht ideal: Juni bis November (Regenzeit, Wirbelstürme)

Singapur
Ideal: ganzjährig
Nicht ideal: Januar, November (viel Regen)

Thailand
Ideal: November bis März
Nicht ideal: Mai bis Oktober (Regenzeit)

Thailand Ostküste
Ideal: Mai bis Oktober
Nicht ideal: November, Dezember (Regenzeit)

Nord- und Nordostthailand
Ideal: November bis Februar
Nicht ideal: April, Mai (sehr hohe Temperaturen)

Vietnam
Ideal: Süden und Norden: November bis April
Zentrale Küste und Bergland: ganzjährig
Nicht ideal: Mai bis Oktober (im Süden Monsun)

Ostasien
China (Westen)
Ideal: Mai, September und Oktober
Nicht ideal: November bis April (sehr kalt), Juni bis August (sehr heiß)

China (Zentral- und Südchina)
Ideal: Mai und Juni, September bis Oktober

Nicht ideal: Juni bis August (sehr heiß), November bis April (sehr kalt)

Hongkong
Ideal: Oktober bis April
Nicht ideal: Mai bis September (sehr schwül, Taifune möglich)

Japan (Mitte und Süden)
Ideal: April und Mai, September bis November
Nicht ideal: Dezember bis März (kalt), Juni bis August (Regen, feuchtheiß)

Japan (Hokkaido)
Ideal: Februar, Mai bis Mitte September
Skisaison: Februar
Nicht ideal: November bis März (kalt, viel Regen, Schnee)

Südasien
Malediven
Ideal: Dezember bis April; Tauchen: Dezember bis April
Nicht ideal: Juni bis Oktober (Regen, Wind)

Nepal
Ideal: Oktober bis April, Trekking: Oktober bis Mitte April
Nicht ideal: Mai bis September (viel Regen, feucht-heiß)

Südkorea
Ideal: April bis Juni, September bis Oktober
Nicht ideal: November bis März (kalt), Juli und August (Regen, feuchtheiß)

Taiwan
Ideal: April bis Mai, September bis Oktober
Nicht ideal: November bis Februar (kalt), Juli bis August (heiß, viel Regen, Taifune möglich)

Sri Lanka
Ideal: Südwestküste: November bis März; Ostküste: Mai bis September; Bergland: ganzjährig gute Reisebedingungen
Nicht ideal: Südwestküste: Mai bis August (Monsun); Ostküste: Dezember bis Februar (Monsun)

Zentralasien und Russland

Kirgistan und Usbekistan

Ideal: April bis Juni, September bis Oktober

Nicht ideal: November bis März (Schnee, Regen, kalt)

Russland und Sibirien

Ideal: Mai bis September, Transsibirische Eisenbahn: Juli und August

Nicht ideal: Oktober bis April (kühler Herbst, sehr kalter Winter)

Mongolei

Ideal: Mai bis Mitte Oktober, Gobi Wüste: August bis September

Nicht ideal: November bis April (sehr kalt)

Tibet

Ideal: Mai bis Oktober

Nicht ideal: November bis April (sehr kalt, staubige Winde im Frühling)

Australien, Neuseeland und Ozeanien

Australien (Outback)

Ideal: April bis September

Nicht ideal: Oktober bis März (sehr heiß)

Australien (Süden und Südosten)

Ideal: Oktober bis Mai

Nicht ideal: Juni bis August (kalt und regnerisch)

Australien (Nordküste und tropische Ostküste)

Ideal: April bis Oktober

Nicht ideal: November bis März (Regenzeit im Norden)

Australien (Westküste)

Ideal: Oktober bis April, Dezember bis Februar

Nicht ideal: Mai bis August (regnerisch und kalt)

Neuseeland

Ideal: November bis April

Nicht ideal: Mai bis September (kalt)

Pazifische Inseln (Fidschi, Samoa, Tonga, Neukaledonien und andere)
Ideal: Mai bis Oktober (Hauptsaison ist Juli und August)

Nicht ideal: November bis April (schwüle Temperaturen, Wirbelstürme)

Europa

Nördliche Länder (Dänemark, England, Estland, Finnland, Irland, Island, Lettland, Litauen, Norwegen, Schottland, Schweden)
Ideal: April bis September
Nicht ideal: Oktober bis März (kalte Temperaturen, Regen, Schnee)

Südöstliche Länder (Albanien, Bosnien und Herzegowina, Montenegro, Rumänien, Serbien und andere.)
Ideal: März bis Oktober
Nicht ideal: November bis Februar (kältere Temperaturen, Regen)

Mittel- und westeuropäische Länder (Belgien, Deutschland, Kroatien, Luxemburg, Österreich, Niederlande, Nordfrankreich, Norditalien, Polen, Schweiz, Slowenien, Tschechien, Ungarn usw.)
Ideal: März bis Oktober
Nicht ideal: November bis Februar (kältere Temperaturen, Regen)

Südliche Länder (Griechenland, Italien, Portugal, Spanien, Südfrankreich und andere)
Ideal: März bis Oktober
Nicht ideal: November bis Februar (kühl), evtl. Juli und August (hohe Temperaturen)

Kanaren

El Hierro, Gran Canaria, La Gomera, La Palma, Teneriffa
Ideal: April bis Oktober
Nicht ideal: November bis März (kühl)

Fuerteventura und Lanzarote
Ideal: März bis November
Nicht ideal: Dezember bis Februar (kühl)

Indischer Subkontinent

Bhutan und Sikkim
Ideal: Februar bis April, Oktober bis November
Nicht ideal: Mai bis September (Regen)

Indien (Ladakh)
Ideal: Juli bis September
Nicht ideal: November bis Juni (Schnee, bis −40 Grad Celsius)

Indien (Norden)
Ideal: Oktober bis März

Nicht ideal: April bis September (Monsun, häufig Überschwemmungen)

Indien (Süden/Ostküste)
Ideal: November bis April
Nicht ideal: Juni bis September (Monsun)

Indien (Süden/Westküste)
Ideal: Oktober bis Februar
Nicht ideal: März bis September (Monsun)

Naher und Mittlerer Osten/Orient

Arabische Halbinsel (Oman, Katar, Abu Dhabi, Dubai)
Ideal: November bis April
Nicht ideal: Mai bis Oktober (extrem heiß)

Iran, Israel, Jordanien, Türkei
Ideal: April bis Juni, September bis November
Nicht ideal: Juli und August (extrem heiß) Dezember bis März (kalt)

PACKLISTE FÜR FERNREISEN

Glückwunsch! Du hast gebucht und dein Abenteuer beginnt wahrscheinlich in Kürze. Hier nun die Liste für alles, was du in deinen Koffer oder Rucksack packen solltest, abhängig von Wetterbedingungen, Gewicht und natürlich dem Anlass der Reise. Falls du Kreuze oder Zahlen in die Kästchen eintragen möchtest – besser nur mit Bleistift, damit du die Listen wiederverwenden kannst.

Dokumente

☐ Reisepass, Personalausweis
☐ Geld, EC- und Kreditkarte
☐ Führerschein und evtl. internationaler Führerschein
☐ Impfpass

☐ Ticket, Reservierungsbestätigungen
☐ Versicherungskarte
☐ Passfotos
☐ ....

Technik

☐ Handy mit Ladekabel
☐ Kamera, Akku, Ladekabel, Speicherkarten
☐ Laptop/Tablet/iPad, Ladekabel, Schutzhülle
☐ Kindle, Ladekabel
☐ Weltstecker

☐ Kamerastativ, Reinigungstuch, Pinsel
☐ Kopfhörer
☐ Unterwasserkamera mit Zubehör
☐ USB-Powerbank zum Aufladen
☐ Externe Festplatte
☐ ....

Kleidung

☐ Tops, T-Shirts, Hemden
☐ Pullover, Kapuzen-Sweatshirt
☐ Unterwäsche
☐ Socken, Strumpfhosen
☐ Bikini, Badeanzug
☐ Hosen, Shorts
☐ Röcke, Kleider
☐ Jacke, Windbreaker
☐ Schal

☐ Flip-Flops
☐ feste Schuhe, Sneakers, Sandalen
☐ Sportkleidung
☐ Schlafkleidung
☐ Hut, Mütze, Cap
☐ Gürtel
☐ Schmuck
☐ ....

Kosmetik

☐ Make-up, Puder, Lidschatten, Pinsel
☐ Augen-/Make-up-Entferner
☐ Wattepads, Ohrenstäbchen
☐ Shampoo, Duschgel, Haarstyling
☐ Sonnenmilch, Bodylotion
☐ Kajal-, Lippen-, Abdeckstift
☐ Gesichtscreme, Maske, Peeling
☐ Zahnbürste, -creme, Zahnseide

☐ Parfum, Deo
☐ Nagellack, -entferner, Nagelschere, Feile
☐ Bürste, Kamm, Haargummis, Klammern
☐ Föhn, Glätteisen, Lockenstab, Hitzeschutz
☐ Rasierer
☐ Damen-Hygiene (Tampons, Cups)
☐ Verhütungsmittel
☐ ....

Diverses

☐ Reiseführer

☐ Snacks, Trinkflasche (leer)

☐ Schlafmaske, Nackenkissen, Ohrstöpsel

☐ Kleiner Faltrucksack, Geldgürtel

☐ Regenkleidung, Regenschirm

☐ Brille, evtl. Kontaktlinsen mit Reinigungsmittel

☐ Sonnenbrille, Reinigungstuch

☐ Handtuch

☐ Medikamente

☐ Trillerpfeife, Türkeil, Schlüsselalarm

☐ Reise-Bügeleisen

☐ Handwaschmittel, Wäscheleine

☐ Moskito-Schutz

☐ Taschenmesser

☐ ....

PACKLISTE FÜR FLUGREISEN NUR MIT HANDGEPÄCK

Willkommen im Klub der Minimalistinnen! Wenn du keinen großen Rucksack oder Koffer mitnimmst und dein Handgepäck gleich mit ins Flugzeug nehmen möchtest, gibt es einige Regeln zu beachten. Informiere dich am besten dennoch vor Abflug bei deiner Fluggesellschaft über die aktuellen Bedingungen, die sich schnell ändern können.

Handgepäckregeln in Kürze

- Meist sind nur 8 Kilo erlaubt, manchmal zusätzlich 2 Kilo für die Handtasche.

- Flüssigkeiten müssen sich in Behältern von maximal 100 Millilitern befinden, die in einen durchsichtigen 1-Liter-Beutel gepackt werden.
- Eine Packung Streichhölzer oder ein Feuerzeug dürfen meist am Körper mitgeführt werden.
- Die Mitnahme von Messern ist nicht erlaubt.
- Nagelscheren unter 6 Zentimeter Klingenlänge und Pinzetten mit abgerundeten Ecken werden nicht immer akzeptiert.
- Das Gewicht von Kamera und Laptop wird bei manchen Fluggesellschaften nicht mit eingerechnet.

Dokumente

☐ Reisepass, Personalausweis
☐ Geld, EC- und Kreditkarte
☐ Führerschein, internationaler Führerschein
☐ Impfpass

☐ Ticket, Reservierungsbestätigungen
☐ Versicherungskarte
☐ Passfotos
☐ ....

Technik

☐ Handy mit Ladekabel
☐ Kamera, Akku, Ladekabel, Speicherkarten
☐ Laptop/Tablet/iPad, Ladekabel, Schutzhülle
☐ Kindle, Ladekabel
☐ Weltstecker

☐ Kamerastativ, Reinigungstuch, Pinsel
☐ Kopfhörer
☐ Unterwasserkamera mit Zubehör
☐ USB-Powerbank zum Aufladen
☐ Externe Festplatte
☐ ....

Kleidung

- [ ] Tops, T-Shirts, Hemden
- [ ] Pullover, Kapuzen-Sweatshirt
- [ ] Unterwäsche
- [ ] Socken, Strumpfhosen
- [ ] Bikini, Badeanzug
- [ ] Hosen, Shorts
- [ ] Röcke, Kleider
- [ ] Jacke, Windbreaker
- [ ] Schal
- [ ] Flip-Flops
- [ ] feste Schuhe, Sneakers, Sandalen
- [ ] Sportkleidung
- [ ] Schlafkleidung
- [ ] Hut, Mütze, Cap
- [ ] Gürtel
- [ ] Schmuck
- [ ] ....

Kosmetik

- [ ] Make-up, Puder, Lidschatten, Pinsel
- [ ] Augen-/Make-up-Entferner (kleiner Behälter)
- [ ] Wattepads, Ohrenstäbchen
- [ ] Shampoo, Duschgel, Haarstyling (in kleinen Behältern)
- [ ] Sonnenmilch, Bodylotion (in kleinen Behältern)
- [ ] Kajal-, Lippen-, Abdeckstift
- [ ] Gesichtscreme, Maske, Peeling
- [ ] Zahnbürste, -creme, Zahnseide
- [ ] Parfum, Deo
- [ ] Nagelfeile aus Kunststoff
- [ ] Bürste, Kamm, Haargummis, Klammern
- [ ] Föhn, Glätteisen, Lockenstab, Hitzeschutz
- [ ] Rasierer (Klingen hinter Gitter)
- [ ] Damenhygiene (Tampons, Cups)
- [ ] Verhütungsmittel
- [ ] ....

Diverses

- [ ] Reiseführer
- [ ] Snacks, Trinkflasche (leer)
- [ ] Schlafmaske, Nackenkissen, Ohrstöpsel
- [ ] Kleiner Faltrucksack, Geldgürtel
- [ ] Regenkleidung, Regenschirm
- [ ] Brille, Kontaktlinsen mit Reinigungsmittel (kleiner Behälter)

- [ ] Sonnenbrille, Reinigungstuch
- [ ] Handtuch
- [ ] Medikamente
- [ ] Trillerpfeife, Türkeil, Schlüsselalarm
- [ ] Handwaschmittel (kleine Tube), Wäscheleine
- [ ] Moskito-Schutz
- [ ] ....

GLEICHGESINNTE: GRUPPEN UND BLOGS

Das Internet ist heute neben dem klassischen Reiseführer das wichtigste Medium zur Reiseplanung. In Facebook-Gruppen und auf Reiseblogs findest du jede Menge Unterstützung und Inspiration.

Facebook-Gruppen

In Communitys wie Facebook-Gruppen treffen sich unglaublich viele erfahrene und hilfreiche Reisende, die gleichzeitig eine Menge Anregungen für neue Reiseziele und Trends liefern. Hier eine kleine Auswahl:

- **BRAVEGIRLS – Frauen allein unterwegs** – Deine Gruppe für alle Fragen rund um die Alleinreise mit vielen Mutmacher-Tipps gleichgesinnter Frauen.
- **Club der AbenteurerINNEN | Outdoor-Frauen unter sich** – Für outdoorbegeisterte Frauen, die sich gegenseitig unterstützen, austauschen, vernetzen und inspirieren.
- **Flohmarkt für Outdoorequipment** – Spezielle Bekleidung, Zelte oder sonstige Ausstattung sind in der Anschaffung meist recht kostspielig. Hier gibt es gebrauchte Sachen für kleinere Preise.
- **Frauen reisen gemeinsam!** – In dieser Gruppe kannst du eine Reisepartnerin oder temporäre Begleitung finden.
- **Reisepartner gesucht** – Hier kannst du nach weiblichen und männlichen Reisepartnern suchen.
- **The Solo Female Traveler Network** – Die weltweit größte Facebook-Gruppe für allein reisende Frauen mit über 100 000 Mitgliedern (englisch).
- **Vanlife Girls** – Die Zahl der Frauen, die sich ein Auto kauft und damit auf eine kurze oder längere Reise geht, wird immer größer. In dieser Gruppe gibt es Infos zu allen Bereichen des Vanlifes.
- **Vegan um die Welt** – Hilfe und Tipps zum nicht immer ganz einfachen, veganen Leben und Reisen in der weiten Welt.
- **Wandern und Fernwandern** – Die Gruppe beschäftigt sich mit Wandern, Radfahren, Fahrrad-, Kayak-, Kanu- und Klettersteigwandern.
- **Weltreise und Langzeitreise Community** – Größte Gruppe rund um die Themen Weltreise und langes Unterwegssein.

Darüber hinaus gibt es für fast jedes Reiseland oder größere Regionen Communitys, in denen du praktische Hilfestellung bekommst. Mit das

Schönste an diesen Gruppen ist, wie viele hilfsbereite, tolle und liebe Menschen es eigentlich gibt.

Blogs reiselustiger Frauen

Neben mir gibt es natürlich auch andere Bloggerinnen, welche die Welt zu Fuß, mit dem Auto oder per Flugzeug unsicher machen. Dazu gehören:

- **A World Kaleidoscope** – Steffi gehört zu den Frauen, die kein Pardon kennen, wenn es auch mal um kritischere Reiseziele geht. Das kann zum Beispiel eine fünfmonatige Wanderung von München in den Iran sein. Auf ihrem Blog teilt sie ihr großes Know-how mitsamt ihren Erfahrungen in vielen Ländern Südostasiens, Südamerikas, Zentralasiens und vielen anderen mit: *aworldkaleidoscope.com.*
- **Bravebird** – Mich kennst du ja nun bereits ausgiebig. Meinen Blog gibt es seit 2013 und mittlerweile schreibe ich neben Reiseberichten auch über andere Lebensthemen, die das Reisen und Nicht-Reisen mit sich bringt. Weitere Details zu einigen hier im Buch aufgeführten Reiserouten und -zielen findest du ebenfalls auf meiner Seite *bravebird.de.*
- **Fräulein Draußen** – Wie der Name schon vermuten lässt, dreht sich hier alles um große Outdoor-Abenteuer. Kathrin läuft mal eben zu Fuß 1500 Kilometer mit Rucksack und Zelt durch Großbritannien, 1000 Kilometer durch Australien oder fährt vier Wochen allein durch Alaska. Tolle Fotos einsamer Landschaften und richtig gute Tipps bekommst du auf dem Blog *fraeulein-draussen.de.*
- **Rapunzel will raus** – Raus aus dem Turm, hinein ins Leben! So das Motto von Sarah, womit sie meiner Meinung nach völlig recht hat. Sa-

rah hat in den letzten Jahren viele coole Abenteuer erlebt und darüber berichtet. Auf ihrem Blog tummeln sich die Infos für Backpacker, die es in die Ferne zieht. Schau doch mal rein auf *rapunzel-will-raus.ch*.

- **Sonne und Wolken** – Abenteuer, Hiking, Biking, Trekking, Naturerlebnisse ... Mach dich auf sehr schöne Fotos aus Deutschland und aller Welt gefasst, die sofortige Reiselust wecken. Von Jana bekommst du auch Tipps zum Thema Instagram auf Reisen: *sonne-wolken.de*.

- **Travel on Toast** – Es gibt wenige Frauen, die Reisen mit solch einer Gelassenheit angehen wie Anja. Sie gehört zu einer der erfolgreichsten deutschen Bloggerinnen und hier möchte ich sie unbedingt erwähnen, weil sie ein tolles Beispiel dafür ist, dass man auch in einer langjährigen Beziehung regelmäßig allein verreisen kann. Mehr dazu auf *travelontoast.de*.

- **Wolkenweit** – Simone hat genau das gemacht, wovon viele Menschen träumen. Sie hat ihren Job gekündigt und ist sprichwörtlich auf einer kleinen Seychellen-Insel gestrandet, wo sie inzwischen lebt. Neben ihren Berichten über diese wunderschöne Region reist sie dennoch weiter und berichtet darüber auf ihrem Blog *wolkenweit.de*.

HILFREICHE SITES UND APPS

Für die meisten ist das Smartphone heute unabdingbarer Begleiter unterwegs. Klein und handlich stellt es uns alle möglichen Dienste zur Verfügung, zu denen natürlich auch Reise-Apps zählen, die uns das Leben und Reisen erleichtern sollen. In dieser schnelllebigen Zeit schießen alle paar Wochen und Monate wieder neue aus dem Boden – hier einige der aktuell bekanntesten und bewährtesten Apps und andere nützliche Adressen.

Vorbereitung

- **Auswärtiges Amt** – Mit wenigen Klicks gelangst du zum gewünschten Reiseland und kannst alle Daten und aktuellen medizinischen und Sicherheitshinweise einsehen.
- **Packlisten** – Hierfür gibt es einige Apps, zum Beispiel der *PackPoint Reisebegleiter* für iOS oder *PackKing* für Android.

Navigation

- **AroundMe** – Eine praktische Hilfe für die Erkundung deiner Umgebung: Kino, Tankstelle, Bank, Taxi oder besondere Highlights, um nur einige Punkte zu nennen.
- **City Maps 2 Go** – Diese Karten-App zeigt die wichtigsten Sehenswürdigkeiten, Restaurants, Einkaufsmöglichkeiten und Unterkünfte an und funktioniert auch offline.
- **Google Maps** – Der Klassiker für die Navigation mit Sprach- und Zeitangabe für das Unterwegssein mit Auto, Bus, Zug, Bahn, Fahrrad und zu Fuß. Das GPS funktioniert immer, aber zu beachten ist, dass eine Route nur online gesucht werden kann. Daher lohnt es sich, alternativ auf eine oder zwei weitere Offline-Karten-Apps zurückzugreifen.
- **Here WeGo** – Gehört zu den bekannten Apps für Navigation und GPS. Kostenlose Navigation, öffentlicher Nahverkehr, Offline-Karten, Orte in der Nähe und Fahrrad-Routenplaner – alles dabei.
- **Maps.me** – Diese App funktioniert definitiv und zuverlässig offline. Wichtig ist dabei natürlich, dass die Karten vorher heruntergeladen wurden und die App auf dem aktuellen Stand ist.

Unterkünfte

- **Agoda** – Portal für Hotels
- **AirBnb** – Private Unterkünfte oder kleinere Bed and Breakfasts. Hier kannst du nach einem gemeinschaftlich genutzten oder Einzelzimmer Ausschau halten.
- **Booking** – Portal für Hotels
- **Couchsurfing** – Wenn du kostenfrei wohnen oder übernachten möchtest, kannst du über ein Couchsurfing-Profil nach passenden Möglichkeiten schauen. Viele Frauen empfehlen gerade Anfängern, sich weibliche Hosts auszusuchen.
- **Hotel Tonight** – Wenn du von heute auf morgen oder ganz kurzfristig eine Unterkunft suchen solltest, kannst du hier vielleicht ein Schnäppchen finden. Hotels geben manchmal hohe Rabatte auf ihre noch freien Zimmer.
- **HRS** – Portal für Hotels
- **TripAdvisor** – Hier kannst du dir sowohl Hotels mit deren Bewertungen als auch Sehenswürdigkeiten eines Reiseziels anschauen.

Verkehrsmittel

- **DB Navigator** – Praktisch bei Zugfahrten. Hier gibt es Auskunft zu den Fahrplänen mit Echtzeit-Infos, Handy-Tickets, Verspätungs-Alarm, einen Sparpreis-Finder und so weiter.
- **Qixxit** – Diese App gibt über Reiseverbindungen mit allen öffentlichen Verkehrsmitteln Auskunft.
- **Uber** – Uber vermittelt in vielen Hundert Städten und mehr als 70 Ländern Fahrten mit lokalen Chauffeuren. Über die iOS-App kannst du rund um die Uhr eine zuverlässige Fahrt finden.

Kommunikation

- **Instagram** – Mittlerweile nicht mehr nur eine Quelle, um sich schöne Fotos anzuschauen, sondern auch eine tolle Möglichkeit, aktuelle Erlebnisse mit der Welt und besonders persönlichen Kontakten zu teilen und sich mittels Nachrichtenfunktion auszutauschen – online jeweils für 24 Stunden.
- **Skype** – Eine altbewährte Methode, sich auch aus weiter Ferne sehen und über das Internet miteinander telefonieren zu können. Eine jüngere Variante für Apple-Nutzer ist *Facetime*. Für Android-Nutzer gibt es *Google Hangout* oder *Viber*.
- **WhatsApp** – Ein sehr beliebter Instant-Messeger-Dienst, über den auch Bilder, Videos oder Dokumente einfach und schnell verschickt werden können. Zudem kann man damit über Internet telefonieren. Eine super Möglichkeit, um mit Freunden und Familie in Kontakt zu bleiben.

Organisation unterwegs

- **Been** – In dieser iOs-App findest du eine hübsche Weltkarte, in welche du bereiste Länder eintragen und die du auf deinen sozialen Netzwerken teilen kannst.
- **Dropbox** – Bis zu 2 Gigabyte Online-Speicher kannst du mit dieser App kostenlos nutzen. Das Schöne ist, dass du von jedem Computer aus per Login an die Fotos und Dokumente herankommst.
- **Evernote** – Mit dieser praktischen Anwendung kannst du Dokumente erstellen, Visitenkarten oder Dokumente abfotografieren, organisieren und teilen.

- iWoman – Mithilfe der sehr schön gestalteten App kannst du deinen Zyklus überwachen und noch andere Dinge auf deine Bedürfnisse anpassen. Leider nur für iOS erhältlich.
- PhotoSync – Sehr praktisch, wenn du mal schnell ein Foto ohne Kabel von Smartphone zum Laptop transferieren möchtest. Alternativ geht das auch über die AirDrop-Funktion bei einem Mac.
- Shazam – Hast du bestimmt schon installiert. Gerade auf Reisen ist man für Gerüche, Klänge und Geräusche sehr offen. Wenn du ein schönes Lied hörst, kannst du es hier gleich tracken.
- Trail Wallet – Schicke App, um deine Reisekosten im Blick zu halten. Eine Alternative wäre *Tripcoin*. Beide sind leider nur bei iOS-Geräten anwendbar. Für Android gibt es zum Beispiel *Trabee Pocket* oder den *Fast Budget Kostenmanager*.
- TripIt: Travel Organizer – Wenn du dir einen Überblick über all deine Reisedaten verschaffen möchtest, kannst du deine Hotels oder Flüge mit Buchungscodes et cetera hier eingeben. (Die Pro-Version hat noch einige weitere Features.)

Weitere Reise-Tools

- eCurrency – Den Währungs-Umrechner wirst du in Ländern ohne Euro häufig benötigen. Jeder hat hier eine andere Vorliebe, diese iOS-App finde ich persönlich am besten. Solltest du eine Android-App suchen, wäre eine Alternative zum Beispiel *XE Currency*.
- Google Übersetzer – Multifunktional und offline verwendbar. Dieser Service übersetzt schriftlich und per Sprachwiedergabe in die gewünschte Sprache und kann auch die Texte auf Fotos erkennen und übersetzen.

- **WetterOnline** – Für die aktuelle Wettervoraussage gibt es natürlich unzählige Apps. Diese hier gefällt mir persönlich am besten; da kannst du dir einfach ein paar verschiedene Apps herunterladen und deinen Favoriten wählen.

Unterhaltung

- **Audible** – Eine schöne Abwechslung zum Buch: Hörbücher und Hörspiele. Ob Krimi, Liebesroman oder Ratgeber, hier kannst du dir aus unzähligen Produkten etwas zur Reise Passendes zu Gemüte führen.
- **Duolingo** – Mit dieser App kannst du spielerisch eine Sprache lernen. Probier's aus!
- **Feedly** – Mit diesem Cloud-Dienst kannst du die aktuellsten Artikel deiner liebsten Blogs und Seiten im Auge behalten und stets up to date bleiben.
- **Kindle** – Auf der Amazon-Plattform kannst du E-Books kaufen und herunterladen, zum Beispiel Reiseführer. Die *Lonely-Planet*-Guidebooks gibt es übrigens manchmal nur kapitelweise.
- **Audio-Podcasts** – Daneben gibt es auch die *Procast Podcast App* für iOS und *Podcast Addict* für Android.

NACHWORT

Wer hätte gedacht, dass diese damals 27-Jährige nach ihrer ersten, etwas unglücklichen Erfahrung in einem Familienklub in der Türkei nun viele Jahre später andere Frauen dazu ermutigen möchte, ihren Weg zu gehen und das Abenteuer Alleinreise zu starten. Auf die inzwischen vergangene Zeit zurückblickend kann ich dir sagen, dass all diese intensiven Erlebnisse, Gespräche, Abenteuer und Lehren unglaublich wertvoll und für immer unvergesslich sind.

Der Dalai Lama hat einmal gesagt, man solle jedes Jahr etwas tun, das man noch nie gemacht hat, und jedes Jahr etwas, wovor man Angst hat. Dieser Empfehlung möchte ich mich anschließen und dir den riesigen Sprung ins kalte und sehr erfrischende Wasser nahelegen. Gerade das Alleinreisen hält so viele Chancen bereit, die dein ganzes Leben, deine Einstellung und deinen Horizont verändern können. Und da möchte ich gleich noch mit einem weiteren Sprichwort trumpfen: Am Ende bereust du nicht das, was du getan hast, sondern das, was du nicht getan hast.

Alles Liebe und gute Reise!
Deine Ute

ÜBER DIE AUTORIN

Mit ihrer ersten Alleinreise entdeckte Ute Kranz ihre große Leidenschaft für das Unterwegssein in der weiten Welt. Das ging im Laufe der Jahre sogar so weit, dass sie ihren Job und ihre Wohnung aufgab, um noch mehr Freiheit und Abenteuer zu erleben. Nachdem sie inzwischen fast 90 Länder in allen nur erdenklichen Verkehrsmitteln auf sechs Kontinenten bereist hat, arbeitet die studierte Kommunikationswirtin heute ortsunabhängig als Medienunternehmerin, Autorin und Fotografin abwechselnd in Köln und an unterschiedlichen Orten Europas.

bravebird.de